A GREAT DYING

みんな

CITY FOR EVERYONE

初心者のための
都市計画マニュアル

愛するすべての都市へ捧ぐ
O.O.

Original title: Město pro každého
Country: Czech Republic
Author: Osamu Okamura
Illustrators: David Böhm & Jiří Franta
Photographer: Pavel Horák
Editor: Petra Nováková
Graphic designer: Štěpán Malovec
Copyright © LABYRINT, 2020
Published by arrangement with Albatros Media a.s., Prague
through Japan UNI Agency, Inc., Tokyo
www.albatrosmedia.eu

CITY
FOR
EVERYONE

みんなの都市

初心者のための
都市計画マニュアル

著＝オサム・オカムラ

イラストレーション／モデル＝
ダヴィッド・ベーム＋イジー・フランタ

写真＝パヴェル・ホラーク

訳＝坂牛 卓＋邉見浩久

日本語版への序

東京、大阪、京都は、「生活の質にもとづく都市世界ランキング」でつねに上位にランクされる。その理由は安全で、犯罪がとても少なく、比較的穏やかな気候で住みやすく、優れた公共交通機関があり、住民間の配慮があり、自然が豊富で、ビジネスや建設に適した法的環境が整っているからだ。そして質の高い教育と医療、経済力と政治的安定、革新への高い潜在力、標準以上の住宅品質、バリアフリー社会実現への献身的努力、多種多様な商品やサービス、文化を楽しむ多くの機会があり、航空路線によって世界とつながっている。人口3600万人の東京圏は、地球上で1か所に人びとが最も集中している場所でもある。

　これらの特質がさらに驚異的なのは、国際的に注目されているこれらの大都市ではなく、日本の全人口の92%が規模は異なるものの、「都市」に住んでいることである。したがって、日本はベルギー（98%）、オランダ（93%）、イスラエル（93%）と並ぶ世界で最も都市化された国あるいは都市文明といえよう。地理的、空間的に限られた条件下での生活の共存、協力、相互調整の長い歴史は、並外れた気遣いの文化と、衝突を未然に防ぐ能力の発達を育んだ。社会の調和、安全保障と平和の達成度、進行中の国内および国際紛争の存在、国家の軍事化の度合いを追跡する「世界平和指数2023」では、日本は観察対象163か国中、ポルトガル（7位）、スロベニア（8位）に次いで9位にランクされており、スイスがそれに続く（10位）。しかし、日本の都市は機能性が高いだけでなく、歴史的建造物や素晴らしい現代建築が数多くあり、美しくもある。そのため、住民に愛され、世界中からの訪問者にも人気がある。

　果たして日本の都市は語るべき問題点や課題などのない、つねに自己革新を続ける円滑な機械のようなものなのだろうか。そして日本の都市は「みんなの都市」なのだろうか。そもそも「みんな」とは誰なのだろうか。

私は生涯を通じてヨーロッパで暮らし、働いてきたが、

3歳まで東京の高島平団地で生まれ育った。高島平団地は、10,170戸のアパートがあり、最盛期には25,000人が住んでいた過去最大規模の市営住宅プロジェクトで、それは進歩的な都市計画家によって、まったく斬新で近代的な精神のもとで発想され、建設された都市であった。過去のしがらみから解放された人にとって理想的なモダニズム都市。木々、太陽、新鮮な空気に満ちた都市。幸せに満ちあふれる都市…少なくとも理想としては。しかし、日々の現実は理想とはかけ離れていた。機能的にも空間的にも分離された都市における、大量の無個性で均一化された建築は、人間にとって制約的すぎたのだろうか。

　日本は世界第3位［訳注…2024年には4位に］のGDPを誇る重要な経済大国だが、ひとり当たりGDPでは34位というのは少し意外である。人びとが自分の生活に満足しているかどうかを追跡する世界幸福度指数では、日本は47位にランクされており、グアテマラ（43位）やカザフスタン（44位）に及ばない。では、具体的に何を改善できるのだろうか。これらは、私が客員教授として東京理科大学の坂牛卓教授の研究室で国際都市計画ワークショップの準備をしていたときに、私が集中的に自問した問いだった。そして現地調査につながるワークショップのタイトルを「みんなの東京？」と最後にクエスチョンマークを付けて呼ぶことにした。

　まず、インターネットの検索エンジンにいくつかの重要なキーワードを入力するだけでこの都市の少し異なるイメージを瞬時に浮かび上がらせるには十分であった。「ヒートアイランド」現象によって、極度の暑さに悩まされている都市。この現象では、ビルが密集した地域により、日中、固体表面に熱が蓄積され、夜間にはその熱が周囲の地域に放射されるが、大幅な冷却の可能性もなく、住民の救済はほぼ難しい。近年、都市の高温は記録を更新しており、特に高齢化の進む日本の人口のなかで急速に増加している虚弱高齢者を危険にさらしている。

気候変動、気温の上昇、人口の高齢化、そして今後も経済停滞が続き、さらに資金が減少すると予想されるなか、私たちはどのようにして都市をこの状況に適応させればよいのだろうか。既存の広い範囲の交通網を維持するための予算や人的資源をすでに欠き、街なかでは

荒廃したブラウン・フィールドが見受けられるのに、なぜ都市は持続不可能を承知のうえでかくも田園のなかに拡大し続けているのだろうか。多くの都市居住者にとって、毎日の職場までの通勤距離が時間的にすでに完全に耐えられない状況であるにもかかわらず、なぜ単機能の居住地区を建設しつづけるのだろうか。私たちの街の公共スペースはなぜこれほど使いにくいのだろうか。そもそも公共なのだろうか。そして、日本は自転車による死亡者数が世界で2番目に多いということを聞いたことがあるだろうか。では、都市居住者の5人に1人が毎日の交通手段として自転車を使用しているのに、なぜ都市にもっとよい自転車インフラ、自転車レーン、自転車道が整備されないのだろうか。東京の集合住宅の10件に1件が空室で未使用であり、一部の郊外地区では15.8%に達することを知っているだろうか。これらの空き家を再び流通させることができたら、何ができるか考えたことがあるだろうか。

今日、私たちは地球の温暖化を遅らせるために都市の二酸化炭素排出量を削減する方法についてよく話し合う。だからこそ、私たちは都市において隠れた蓄えがないかをより注意深く観察している。今日のおもな課題は、スペースをより賢く、より経済的かつ環境配慮的に利用する方法である。エネルギーをより適切に管理し、再生可能資源のみからエネルギーを得るにはどうすればよいだろうか。より持続可能な素材をどのように使用し、それらをリサイクルまたはアップサイクルして再び生き返らせるにはどうすればよいだろうか。居住地から15分圏内で日常の必需品をすべて徒歩または自転車で快適に調達できる短距離都市が昨今よく話題になる。交通機関は都市のエネルギーの最大30%を消費する一方で、私たちにとって積極的に動くことも健康的である。都市はそれを可能としてくれるだろうか。

2023年の秋に東京で行ったワークショップで、私と学生たちが研究中に得た重要な知見の一部を本書の本文に直接組み入れたが、すべてを組み込むことはできなかった。おそらく最も重要な知見は、そこに住み、その将来を決めることになるあなたたちが、その都市の批判的な解読と徹底した調査を通して発見することになるだろう。あなたを取り巻くものは放っておいてよい方向に変わることは何ひとつない。ただし、私たちを取り巻くすべてのものは自分たちが発明し、構築したものなので、いつでも変更することができる。都市は共働の社会的プロジェクトであり、私たちの都市とその方向性について徹底的に議論することがますます大切になる。

最近の議論のなかでみんなも覚えていると思われるのは、世界中で注目を集めた新国立競技場の事例である。そこでは、専門家からの厳しい批判を受け、スター建築家ザハ・ハディドによる、象徴的ではあるが完全に大きすぎて維持できない設計の建設が回避され、隈研吾氏による、より抑制的で自然に近いプロジェクトが最終的に実施された。しかし、そこで一件落着したわけではなかった。2023年の抗議活動とデモは、樹齢100年の美しいイチョウ並木で最も人気のある公園のひとつである明治神宮外苑の特大規模の開発の継続が発表されたことがきっかけとなった。東京都の不透明かつ非民主的なやり方に衝撃と怒りを感じた市民は、建設計画に反対する請願書を組織し、この本の原著者を含む22万5,000人以上の市民が署名した。そして、2025年大阪万博が開催される人工島・夢島に大阪府・市が誘致した、日本初のカジノ付きプライベートリゾートの大阪プロジェクトは、「私たちの未来の生活社会をデザインする」という万博スローガンのもとで建設されるのだろうか。それは本気なのか、それとも悪い冗談なのか。

都市行政の代表者が透明かつ民主的な方法で都市住民、投資家、都市計画の専門家と会合できる機関、場所、プラットフォームが緊急に必要とされているように思える。ロンドン、パリ、シカゴ、ニューヨーク、ベルリン、コペンハーゲン、プラハでは、さまざまな建築センターがこの目的を果たしている。私は、東京や日本の他の都市も、相互の議論、コミュニケーション、インスピレーション、教育、公共参加の場として、そして都市のさらなる繁栄と将来のためのWin-Winな解決策の探求の場として、このような活気に満ちた建築センターを設立するに値すると思う。まだ誰も考えていなかったとしたら驚きである。この本がそのようなプロジェクトの誕生のきっかけになってくれることを願いたい。

東京〜プラハ、2023年9〜10月　オサム・オカムラ

目次——都市の構成要素

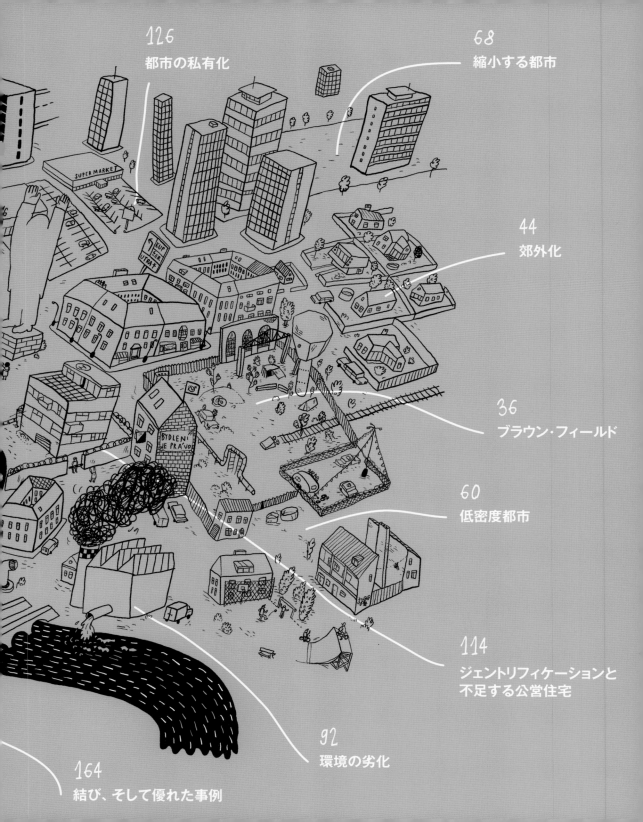

1990年、世界にはメガロポリスが10あった。
現在では34に上り、その多くはアジアにある。
最大のメガロポリスである東京（東京圏、1都3県）の人口は約3600万人である。

なぜ建築ではなく、
都市とアーバニズムに関する本なのか

建築について考えるとき、私たちはある特別な建物や産業の建造物のような歴史的遺跡を思い浮かべることが多い。建築は具体的でありその輪郭ははっきりしている。私たちはそれを感覚と知性で受け入れるのでそれについて語ることも容易である。加えて私たちの多くは建物の設計や施工がどういったものかを、たとえば自分たちの家で直接経験している。では、都市のように巨大で複雑なものはどうすれば身近に感じられるだろうか。どうすれば都市を読み解けるのだろうか。

空間の問題が増え続けている都市環境においては、小規模の建物一つひとつの問題解決だけでは、都市生活の質は改善していかないことが見えてきた。多くの場合、このような局所的な改善は、その建物が民間か公共のものかで範囲は異なるものの、限られた人びとにしか影響が及ばない。一方、古代からさまざまな文明によって実践されてきた都市計画という技法は、私たちの生活をさまざまな方面からより包括的に形づくってきた。

本質的には都市は文明がつくりあげるものであるが、歴史的には地球上の人口のほとんどは人里離れた、自然との関わりが密接な場所に住んでいた。ここ数十年間でこの状況は劇的に変化した。2008年、地球上の街や都市に住む人口はそうでない者の数を上回るようになった。この傾向は加速を続け、2050年、そう、そんな近い未来には都市居住者の割合が68%を超える

と予想されている。ヨーロッパの都市における人口の増加は、驚異的な速度でメガロポリスが拡大しているアジア、アフリカの発展途上国と比べるとそれほど顕著ではない（メガロポリスとは人口が1000万人を超える都市のことを指し、そのほとんどはアジアにある。日本では東京と大阪および名古屋の大都市圏が該当し、ヨーロッパでそれに該当するのはモスクワとパリの都市圏の2か所だが、統計によってはロンドンや都市の3分の2がヨーロッパ大陸に属しているイスタンブールが含まれることもある）。

都市はより多くの人びとの生活の場に留まらず、生涯を過ごす場となりつつある。そして人口密度が多くの問題を起こす場面が増えてきている。ここで都市と地方の状況を比較してみたい。地方では長期的な食糧不足のような重大な問題が発生すると、住民たちが決起してジャガイモのような農作物を植えたりするだろう。彼らはもたらされた状況に対して、より迅速に対応することで、生き延びる可能性を高める。もうひとつ極端な事例を考えてみたい。コロナウイルス、スペイン風邪やコレラのような感染症は、ひとつの村の人びとの命を奪ったとしても、隣村はその脅威から逃れるかもしれない。しかし世界的なパンデミックや自然災害が都市を襲うと、都市自体が複雑で高密度で脆い有機体であるがために、膨大な数の人びとが同時にその脅威にさらされることになり、それゆえにその帰結もより破滅的になりがちである。

だからこそ、今日の都市は緻密に計画された軍事作戦のように、さまざまな危機的状況の議論や戦術や戦略によって計画されているのである。

都市は誰のもの？

都市のなかの公共空間について語ろう。都市は人びとの集まる場である。ある場所に一緒に住むことを望み、その判断が自分たちに有益だとみなした人びとの意思によって都市は形づくられている。都市に住む人びとは、繁栄と安全を獲得したと感じている。ハーヴァード大学の経済学者エドワード・グレイザーは都市を人類の最も優れた発明だと言った。都市は住民の教育水準を高め、より裕福で、そしてより健康で幸福にする。彼の見解は詳細なデータによって裏づけられている。都市の住民は寿命がより長く、病気の回数も少なく、より高等な教育と収入を享受している。だからといって幸福は必ずしも都市にしか見つけることができないわけではない。私たちは山奥でも十分満足のいく充実した生活を送れる。でも、都市の優位性は大多数の人びとにとっての良き人生の捉え方と一致している。

都市は魅惑的で複雑な発明である。都市が人間の**出会いの場**であることは、イスラエルのテルアビブの設立を捉えた写真に美しく描写されていた。黒いスーツを着た男性たちが砂漠の真んなかに立ち、周りには砂とラクダしかない構図だ。彼らは新しい都市を確保するための杭を手にしていた。その写真は、ある特定の人びとが何もないところから都市をつくれることを表した優れた描写である。都市は基本的に人によって形づくられるのであり、建物によってではない。人びとが共存するためにある空間は、その共用空間の利用を禁止された時点で機能しなくなる。

昨今、都市や公共空間の私有化という言葉を頻繁に聞くようになった。これは目ざといやり手が他者に犠牲を負わせながら空間を占拠するという結果を招く。裕福な投資家は都市の中心部の不動産を買いあさり、彼らが求める高い利益の妨げになるような高齢者や他のグループを追放していく。こんな介入を許していたら都市はその社会的基盤を大きく毀損することになる。また、不平等の増加は衝突の引き金にもなる。今日最も裕福な層でさえ、社会的不均衡が自分たちにとって脅威になりつつあることを認識している（直近のデータでは最も裕福な26人が、世界のより貧しい人口の半数よりも富を蓄積していることがわかっている）。

よく機能する都市とは

私たちを取り巻く状況に無頓着でいられるような都市は、よく機能していると言えよう。それは私たちの生活の障壁や、危険や衛生の問題に直面せずにいられることだからである。機能的に優れた都市には満ち足りた生活を送るための質の高い住環境がある。これは経済の側面だけでなく、環境や、水や空気の質に関しても、である（日本やヨーロッパは自信をもって水道水を飲むことのできる地球上まれな地域である。これは中国やインドやアフリカ大陸の大部分では考えられないようなことである。また、いくつかの都市では技術インフラがあまりにも不十分で、破綻の瀬戸際にある）。

人口密度の高い居住区では、政治家や行政は、機能性を担保する点においてはあてにならない。より小さなコミュニティではさまざまな隣組の助け合いや有志による消防団といった伝統的な人的ネットワークや、住民とその長との日頃からの直接的な触れ合いが重要であり続けている。ひるがえって都市では、人と人が直接触れ合わなくなっている。都市の住民のほとんどが問題の解決を公共機関に委ねがちだ。そして都市がより大きくなり、その問題もより複雑になるにつれて公共機関はそれらを把握し対応する能力を失ってしまう。これに対処するには近隣レベルでの支援や行政の管理や運営に市民がより積極的に参画せねばならない。たとえば洪水による命の危険について考えてみよう。ここまで大きな危機は、役人が仮に1,000人いたとしても手に余ってしまう。むしろ砂袋を詰める人たちを準備するほうが効果的な行動と言えよう。同様に役人が道路に陥没があるかを確認してまわるのを期待することも筋違いである。私たちの関心事は、公共への参画、クラウドソーシングや相互責任の受け入れなどによって市民が協力して都市をつくる気運を高める方法についてである。

土地利用計画とは何か、その仕組みは？

都市は居住者——自分の利益を追求する個々人によって構成されている。ここで誰かが自分の土地を最大限活用するために、隣接する学校に陽が差さなくなることを無視して超高層ビルを建てようとしたとしよう。公共の利益を最優先する人はまれなので行政は個人の利益を調整することで諍い（いさか）を解消し、人びとを守る役割がある。そういった問題を扱う部署は建て主に向かってこう告げるかもしれない。あなたの土地にはすでに十分建物が建っている。この地域の交通量は処理能力を超えているので、新しい地下鉄駅を建設して交通インフラを強化することが最優先課題である。あなたと私たちの資金を新駅の建設に一緒に投入してはどうだろう。そうしないとこの地域の全員が不利益を被ることになってしまう。

個人の建て主たちはそういった視野が欠けていて、ものごとを全体の文脈のなかで捉えることができない。私たちは行政を規制する機関と見なしているが、もし彼らが仮に提唱者だったらもっとよいのではないだろうか。行政は人びとの計画や夢の実現を支援する組織であるべきである。人びとを動機づけ、導くべきである。行政には住民を抑制するようなことがあってはならないのは自明である。なぜならそれは負のイメージを醸し出すだけだからである。地域計画のおもな目的は開発を抑制することだと考えている人もいるだろうが、それは間違っている。都市が行うべき開発は、変化する住民の要請につねに対応できるような基盤づくりである。

都市を現在のために計画することはできない。そのため、住民たちは一世代（20年から30年）のスパンで都市が

世界中の街や都市では毎日約11,000棟の
新しい建物が完成している（個人住宅は除く）。
都市人口が2050年までに64億人に達すると見込まれているなか、
この人たちを受け入れるためには
一日14,700棟のペースで建設数を加速させなくてはならない。
世界の人口増加の3分の2はアフリカが担うことになる。

どうあるべきかの合意を形成しようとする。この長い期間を対象とした計画を長期戦略と呼び、土地利用計画を策定する機関を通じて、都市、州あるいは国が決定する。この機関は、都市計画、建築、社会地理学、エネルギー、経済の専門家と、政治家、研究者、文化人（文化的に影響のある人）、非営利団体の代表や市民活動家などから構成されている。長期戦略はおもに概念についての文書である。これらの目的は**土地利用計画**の文書によって現実の、具体的な形が与えられる。

長期戦略が、たとえばハンブルクは音楽の都市であるべきだと定めたとしよう。計画家は都市のそれぞれの地域の地理的特性（たとえば川の位置関係）を分析したうえで、実用的な意味において「音楽の都市」とはどういったものを意味するのだろうと問いかける。そして彼らは都市

図のなかに音楽に関連のあるあらゆる施設、音楽や芸術の初等学校、コンサートホール、音楽博物館などをプロットする。そうすることによって抽象的な概念が街の地図のなかで具体的なものとして浮かび上がり、現状不足している地域があぶり出される。そこはこの概念を支える施設が建設できる場所となりうる。この分析から、この街の印象的なウォーターフロントには交響楽団のための新しい建物が必要であるといった提言が出されたとしよう。そうするとそこからさらなる問いかけが生まれてくる。たとえば、新しいコンサートホールをこの地域に建設することの、地域の開発における意義は何かといったものである。さらには、効果的な交通手段はいかに確保できるのか、私たちは新たな核をつくりたいのかそれとも既存の中心街を補完したいのか、あるいは、より大きな問題として私たちの目指す都市像は一核なのかそ

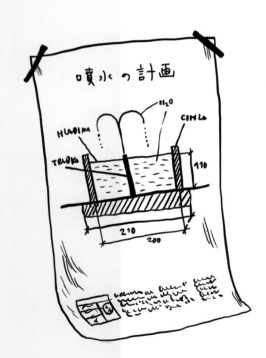

れとも多核なのか、といった問いが導き出される。

広域計画（ゾーニング図）は都市の重要な建物群の具体的な位置を決定する。それは地方自治体や州政府の行政や教育、文化の施設、あるいは交通インフラなどだが、計画はそれらの位置関係だけでなく、既存のありのままの姿を保全すべき地域や、新たに公園として整備すべき場所をも決定する。

土地利用計画は都市計画家や建築家によって立案されるが、彼らは抽象的な概念に形を与え、配置していく。最終形を決めるにあたっては、他の専門家、たとえば建築の許認可に関わる担当官や、一般市民がまったく知らされていない、防衛のための秘密シェルター、地下病院などの軍事施設の知見のある行政官の意見も取り入れる。このプロセスでは政治家も重要な位置を占める。なぜなら自治体を代表する彼らの判断は、純粋に政治的で

あったりするからである（注…左寄りの政党は選出されると住宅政策にソーシャルミックスを取り入れることが多い。一方右翼的な政党は富裕層のため独立した居住区を嗜好する傾向がある）。

都市計画は**市民からの働きかけ**で行政や議員を動かすボトムアップのプロセスと、地方自治体から発生して市民に協調と断行を求めるトップダウンのプロセスを掛け合わせたものである。こういった計画手法は相互に利益をもたらすWin-Winの解決策を目指す対話の文化を表している。

歴史的都市の特徴

昔の都市は自動車の出現よりずっと前に、交易路の中継地として出現した。こうした経路は地形の起伏を尊重し、緩やかな曲線を描いていた。多くの場合、都市は川の浅瀬の近くに位置していた。集落群を見ていくとかつての交易路の痕跡を確認することができる。なぜプラハの旧市街の広場は幾何学的な長方形ではないのだろうかと問えば、それは広場の一辺の湾曲した道路がもともとあった馬車道の形をなぞっているからだとわかる。また、多くの縦長の広場や商店街は既存の道を単に広げたものである。

歴史的な都市はいくつもの層が折り重なっている。その形態は何が都市を形成するかという疑問へのいくつかの考えを表している。都市は数百年をかけて大きな中断もなく順調に有機的に成長してきた。そうであったとしても歴史の紆余曲折の結果として、都市の多くのものは未完であり断片的である。私たちはひとつの概念が別の概念の挑戦を受けた痕跡や社会あるいは技術の革命の証を確認することができる。

中世の都市の旧市街地は、要塞化するという制約があったのでおおむね面積が小さい。多くの場合、建物は長年にわたって増築されてきており、住宅の地下階がロマネスク様式で、1階がゴシック様式でファサードがルネサンスあるいはバロック様式、そして内装が帝政様式といった事例の理由にもなっている。各々の世代や歴史的な時代が都市に新しい層を加えてきたが、19世紀後期の急激な産業の発展や、一般市民の富の増大に伴う大規模な公衆衛生の普及と（公衆衛生のための都市の旧市街の解体）、その後の幅広く近代的な大通りの建設はその流れを断ち切った。1920年代後半は機能主義が到来し、過去の都市との決別を伴う近代**都市計画**をもたらした。機能主義は歴史を使いものにならない遺物と認識し、都市の歴史的発展や有機的成長から決別することを目指していた。自律的な建物という考え方が主張され、都市における用途別ゾーニングの概念が出現した。ここからは現在の都市における最重要課題についてそれら一つひとつをより詳細に見ていきたいと思う。

軍事戦略家

都市計画家

注…多くの都市は専任の建築家を抱えている。
（一般的には）小さめの自治体へ月に2回ほどの出張をして助言を行う程度の任務だが、
大きな都市においては100人単位の組織の一員となる。

都市防災

ゾーン

の住宅見リング

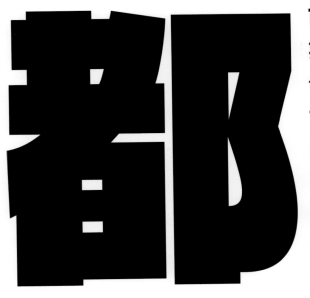

都市の用途別ゾーニングは産業革命とその結果としての近代都市計画論の残骸である。19世紀、煙の上がる煙突は進歩の象徴だったが、汚染物質や悪臭を放つことから、産業の発展は都市環境にとっては大きな負担となった。近代主義者が着想した革新的な考えは、都市の住環境を汚す工場は都市から離すべきということであった。彼らは都市を特定の機能をもつ比較的大きなエリアに分割した。このようにして居住や、産業、レクリエーションのためエリアが形成された。都市の居住ゾーンは魅力的で清潔で、多くの公園と日差しと新鮮な空気に恵まれた。しかし、このような都市のつくり方はほどなく通行量や輸送インフラに多大なる負担を負わせるようになった。それだけでなくこの方法は経済合理性に欠き、不自然なものと見なされたのだ。

人が集まって協働する際に欠かすことのできない輸送は都市計画の核心である。輸送は都市の運営やその形状を根本から左右する。多くの人間を長距離にわたって運ぶのは困難であった。しかし内燃機関の発明はそれを容易にし、近代主義者たちが都市の用途別ゾーニングの考えを実践することを後押しした。

19世紀後期の裕福なシカゴの住民は別荘や家を初の鉄道に沿って建設し、近代都市の雑踏や煙を吐き出す煙突から十分離れたところに、オークパークのような魅力的な住宅地をつくり上げた。住民は毎日鉄道で都市に通勤した。自動車の発明と普及は都市をまた別の方向に変化させた。人びとは、今まで容易に到達できなかった傾斜地や丘陵地といったさらに辺鄙なところにも住むようになった。

20世紀初頭の近代主義者にとって用途別ゾーニングは大きな進歩を意味していた。ここで忘れてはならないの

が貧困層の人びとである。彼らは仕事を求めて19世紀に大挙して都市に移り住み、たいていはこどもと年老いた親と一緒にひとつの部屋に住んでいた。工場のシフト制で働く労働者はひとつのベッドに代わる代わる寝ることもあった。アパートではひとつの屋外トイレを共同で使用し、庭にある共用の井戸や蛇口から水を汲み、地下室にある石炭を使って調理するような状況だった。まだ上下水道が分離されていなかったので人びとの間で病気はすぐさま広まり、伝染病を引き起こす。近代主義によって新しく計画された住宅地は大きな文明の進歩を意味する一方で、その負の影響は徐々にしか現れてこなかった。近代主義者はかつての都市の中心街には将来がないと確信していたので善意から衛生的な施策が実行された。社会的な問題が多く、非衛生的で維持が高くつくと見なされた古い中心街に取って代わって「住むための完璧な機械」としての新しい住宅が建てられていったのである。

当時最も野心的な公共住宅の計画は1965年から74年にかけてスウェーデンで実施された。それは100万プログラムと呼ばれ、1,006,000戸の都市型住居の建設を見届けた。ここでスウェーデンの人口がわずか800万人だということも触れておく必要がある。ロシアでは都市住民の半数は住宅団地（マイクロディストリクト）に住んでいる。

戦後、国家が主導した都市再生の次の段階では、**上質で健康な生活をすべての人に**分けへだてなく提供することをその目的に掲げた。この類の計画は、全体の利益のために科学的な判断を重視する傾向がある。そういった計画手法の問題点は、個々の住民の要求に応じた住宅を建設したり維持したりできないところにある。計画経済によって公共住宅は大量生産され、建設はさらなる効率化、迅速化、低価格化へと導かれた。そしてそれは標準化とプレファブ化（たとえば量産のために建物を構成する要素を敷地外で生産すること）に帰結した。残念ながら集中計画方式をとった都市は、ほどなく画一化の自己風刺と化してしまった。

近代主義者が生活水準の飛躍と予見したことは結局その逆となってしまった。1930年代の最初の住宅団地や1960年代から70年代にかけて建設された、いくつかの戦後の団地には質の高いものがあったにもかかわらず、近代主義理論の実践は多くの場合、隣と同じ灰色のアパート群、しかも技術的に低い水準で空間の活用の点からも不十分なものを生み出した。その後こうした建物は時間と資金の不足と、強い意思と有能な建築家の不在に特徴づけられてしまった。近代計画論は、その善意にかかわらずわずかな恩恵しかおよぼさなかった。その実務優先の進め方は多層の長い住棟の羅列をつくり出し

たが、それは住民の要求よりもクレーンの経済的な活用から生み出されたものでしかない。

やがて広場や街路や遊び場のない都市、私有、半私有、公共、半公共相互の明確な特徴のない都市が出現した。極端な例では、イタリア、ナポリのヴェレ・ディ・スカンピアやアメリカ、セントルイスのプルーイット・アイゴーのように、手に負えないところまで状況が悪化し、解体せざるを得なくなったものもある。そこでは他へ移り住むことのできる住民は街の他のエリアに引っ越していった。そして生まれたのはギャングによって支配されたスラム街であった。犯罪率はあまりにも高く、警察も恐れをなして近寄らないほどであった。関係当局でさえ介入できない状況で、建物は荒廃し廃墟となり、最終的には解体しか道が残されなかった。

とはいえ、近代主義の団地の多くはよく維持管理されており、加えて、さまざまな社会的背景の住民が住み、都市の中心部との良好な交通手段、ならびに網羅的な生活サービスが提供されている。自然環境とセキュリティと手ごろな価格のおかげでこうした団地の住戸が若い家族から求められるようになっている。そして重大な問題は地理的に孤立した立地や、高い無職率のエリアに限って起こる傾向がある。

都市の用途別ゾーニング

カシーバード

ラウン・フィールドとは都市のなかで過去に開発されたが現在使われていない土地を指す。そういった放棄された土地は都市の中心部で見つけることができる。これらはいっとき役割を担ってはいたが、産業の再編、経済の変遷、技術革新、社会の需要の変化などの事情によって必要性を失ってしまった。比較のために付け加えると、グリーン・フィールドという言葉はまったく手を付けられていない土地のことを指す。ブラウン・フィールドの土壌は汚染されているかもしれないので、復元させる必要がある。また、老朽化した建物は必要に応じて撤去しなければならない。リニューアルのプロセスは非常にお金がかかり、土地利用の変更や所有権の移転に伴う法的な手続きは投資家に二の足を踏ませるかもしれない。しかし都市の営みのなかでは、これは普通に繰り返し行われるプロセスである。

都市の城壁を取り壊した跡地に沿った大規模な土地は19世紀の遺産としてのブラウン・フィールドである。たとえばパリではかつて城壁が建っていた内側と外側にあるグラン・ブールヴァールとブルヴァール・デ・マレショー沿いにある。戦略的な役割を失った城壁は、多くの都市で解体され、そこに新たな都市ベルトがつくられた。

華々しいウィーンのリングシュトラーセの一部もかつて城壁であった場所にある。城壁が解体されると旧市街地には比類なく広大で戦略的に価値のある土地がもたらされた。公衆衛生の必要性から都市の周縁へ移転することになったかつての墓地は18世紀において重要なブラウン・フィールドとしての役割を果たした。解放された教会周辺にあった土地は自治体が新しい公園や建物に生まれ変わらせ、ときには不動産として売却された。

現在のブラウン・フィールドのほとんどは企業や軍や鉄道会社の所有であった。鉄道会社について言えば、人びとの嗜好や旅行への需要や体制が変化し、都市の中枢の操車場は時代遅れになってしまった。電車はより効率的になり、交通手段も全般的により効率的かつ多岐にわたるようになった。また知ってのとおり、それぞれの路線ごとに異なるプラットホームをつくり、そこに電車を停めて乗客を待つことなど不要である。今ではほとんど空っぽの状態の大きな駅舎を建てる理由などない。近代的な情報技術と自動ドアのおかげで、同じ日に何十もの列車が数分間隔で同じプラットホームを使うことが可能になっている。

都市の高密度化が進行しつづける状況では空間の活用と既存構築物を更新しつづけるかの難しい決断を下す必要がある。ただ、解体が唯一の解決策ではない。ときには既存の建物を別の用途につくり変えるほうがよいこともある。こうした手法は、長い間都市開発で物理的のみならず心理的にも障害となっていた鉄道駅舎の廃墟から、興味深く特徴あるものが出現する可能性をもたらす。この新しい特徴をもった要素は場合によっては、独特な雰囲気をもったコミュニティの中心施設として繁栄し、新しい開発の中核を形成する可能性だってある。

都市再生の優れた事例──ビルバオのグッゲンハイム、ロンドンのドックランズと2012年のロンドンオリンピックのためのスポーツ施設群、ハンブルグのハーフェンシティ。

昨今、過去のものとなってしまったのは、都市の用途別ゾーニングだけでなく、単一用途の街区や技術インフラもある。石のアーチでできている鉄道の高架線路を例に挙げると、その交通にかかわる機能に加えて公共サービス、ビジネスや文化の機能も加えることができる。そのような多用途の開発はウィーンや、ベルリンや、ニューヨークや東京の中心街に出現した。ブラウン・フィールドは都市計画家が勘定に入れてなかった予備の土地であり、それゆえ都市にとって新たな機会を表象している。これは都市のど真んなかに隠された財宝を見つけるようなものである。

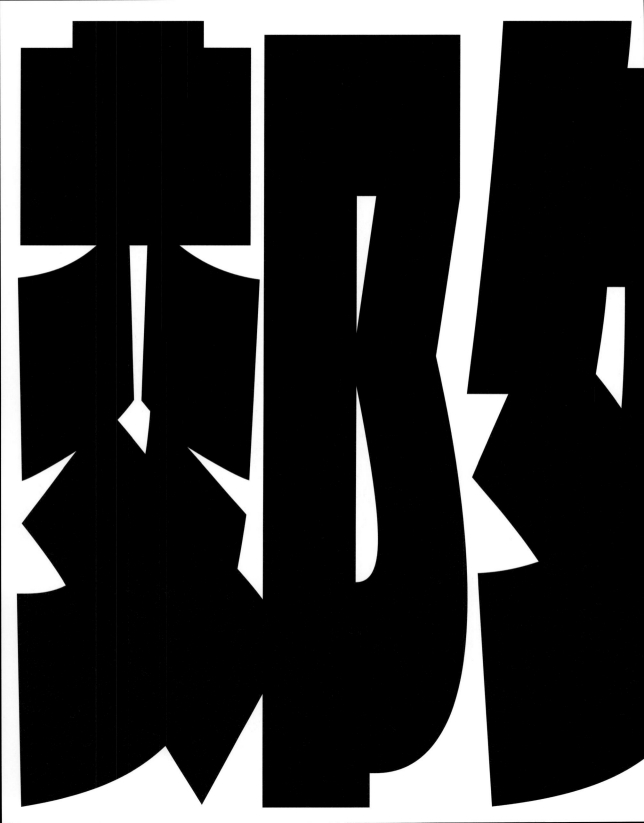

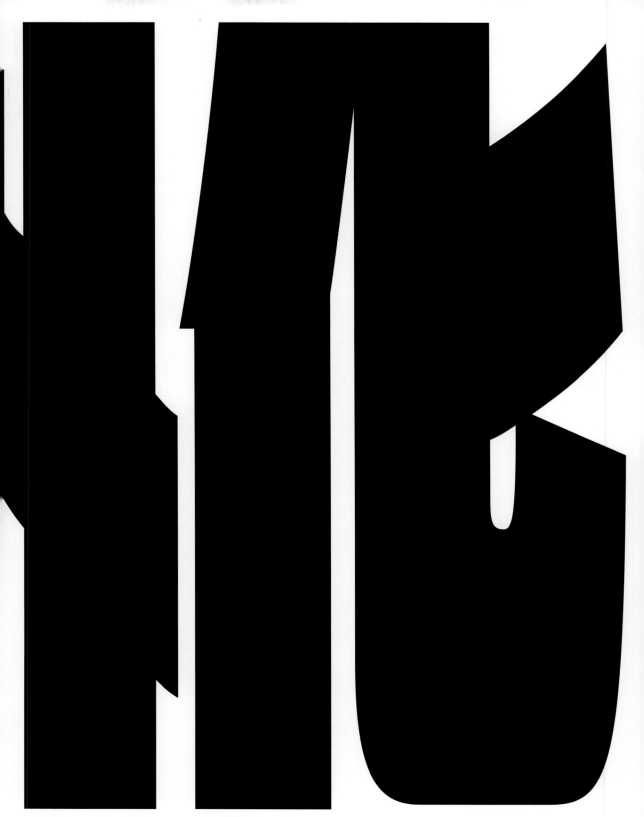

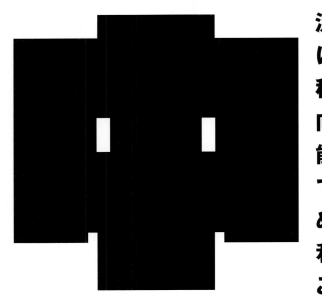

流階級の人びとが都市周辺に広がる新興開発住宅地に移り住むという「郊外化」傾向は、運営がうまくいかず機能しなくなった都市に失望してよりリッチな生活水準を求めたいという欲望や、自動車利用を密かに支持してきたことにつけこまれて、言葉巧みな開発事業者や住宅ローンを融資する会社の売り込みで実現したものだ。こんな筋の通らないことはないし、都市が都市たるものにならんとする流れに逆行する。より上流社会に、より生活の質が上がりますと約束し、人びとの夢をもてあそぶのだ。住宅ローンの広告はすべて、借りる側に魅力的に映るようつくられているが、最大の受益者は、銀行であり、住宅融資組合であり、開発事業者だ。銀行自体も魅力的な郊外住宅広告をオンラインやらパンフレットの特別な付録に掲載している。人びとの夢と現実が必ずしも合致しないのは、アメリカのティーンエイジャーが使う「郊外地獄」という言葉に象徴される。これは変革の途上にある国で、かつて経済的に困窮していた時代に大量生産された住宅にぎゅうぎゅうに押し込まれ、プライバシーもほとんどない状態からすれば（薄れ

つつあるとはいえ）極端すぎる反応かもしれない。ともかくひとたびこうした状況から解放され、あらゆることが可能な、極彩色のプライベートな楽園を彼らは夢想したのだ。

家を買おう。
一生借金を背負う
必要はまったくない。

郊外化の傾向は、旧市街で生活の質が下がったことから生まれた負の遺産である。郊外化の起こっているところの、その責任はおもに都市のほうにある。人びとが中心街を去るのはそこには望むものがないからだ。それはプライバシーであったり、安全であったり、個人の所有権であったり、値ごろ感であったりする。都市に車と騒音と埃が満ちあふれ、放課後こどもたちが遊ぶ場所がないのは、**何かが間違っている**からである。

通勤時間の世界的平均は41分、
フィンランド人とスウェーデン人に特化すると21分である。
北京の平均は52分だが、何千何万もの中国のオフィスワーカーは
首都にたどり着くまで最大3時間かけている。

郊外の街で大量に提供されるようになった住宅には、一般的に行政支援のない一戸建ても含まれるようになった。広範にわたって急増しているこれらの低層建築には、残念ながらまとまりがない。第二次世界大戦前のヨーロッパのガーデンシティは鉄道や市電によって中心街とうまくつながっていたが、昨今の郊外化はそういった手段を無視している。これは、エネルギー消費の面だけでなく交通インフラにも大きな負担をかける点で非経済的である。その結果生まれるのは面的に広がる単一用途の住宅開発で、公共のアメニティもなく、都市との行き来は自動車に依存せざるを得ない。こういった開発は公共交通機関が成立するのに十分な人口密度がないだけでなく、低い密度の住宅開発は、レクリエーションや農業に使われたほうが相応しい土地を占領してしまう。質の高い都市環境は職の機会を提供するだけでなく社会的連携にも貢献する。また移動が簡単になるだけでなく、さまざまなサービスも提供される。低密度に薄められた開発では、こういったものを見つけることはまれである。実際、多くの居住者は（とくにこども、高齢者、移動困難者や若い未亡人など）社会的に疎外された状況に置かれることで気が落ち込んだり孤独を感じたりしている。こういった人たちにとって、パンを買うとか学校に徒歩で行くとかいうことは容易なことではない。インフラも提供サービスも不十分で、あらゆるものが遠すぎるのである。

低密度の面的住宅開発は生活インフラの供給や道路の維持管理やゴミ収集に膨大な費用を要する。戸建て住宅の熱損失は、同規模のアパートと比べて8割近く多い。地球気候の負の影響を示すカーボンフットプリントは、冷暖房費に比例して増加する。したがって、一見より健康的に思える郊外に居を構えることは都市の集合住宅に住むよりも環境負荷が多いことになる。これは、都市と郊外をつなぐ道路の出勤時の渋滞問題に触れる以前の話である。

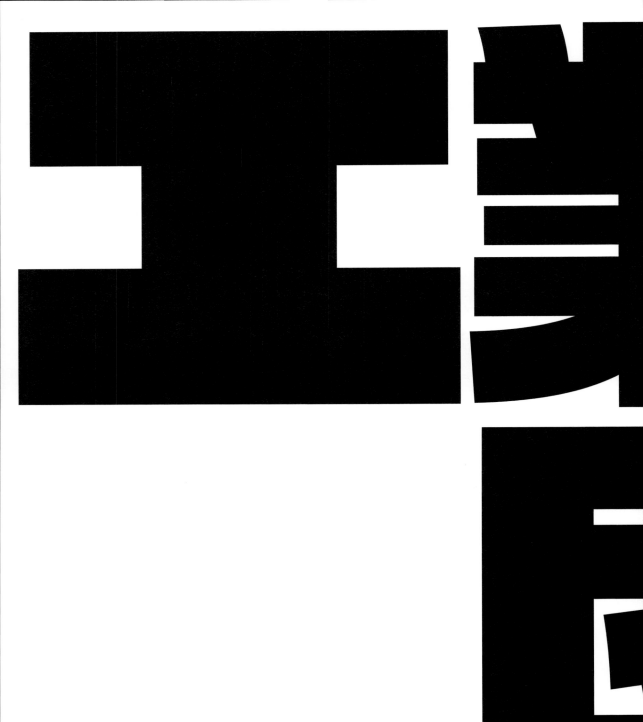

A UNIVERSE LIKE PLATO'S CAVE

THE WORLD IS LAUGHING.

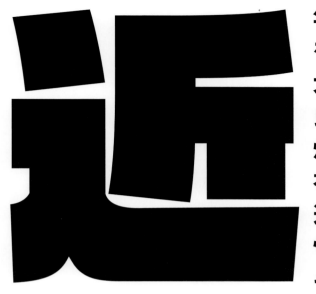近年までの認識では、重工業を基幹産業としたり、それに大きく頼ったりする都市は、良好な生活とは相容れない、煙や埃と同義であった。現在、政治的な変化と技術的な進歩のおかげで、私たちは、情報、サービスと再生エネルギーに基づく脱工業化社会を生きている。こうした変化のおかげで、都市の人びとが職場の近くに住めるようになった。現在ではアパートの建物が銀行や保険会社の事務所やソフトウェアの会社の隣にあることは珍しいことではない。

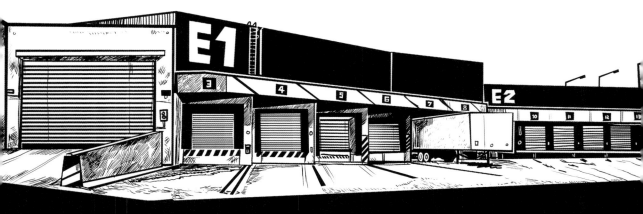

都市居住者の多くがサービス産業で働くため、現在の近代都市には工業地域をつくる必要性がない。大方の「不潔な」重工業は都市から離れた工業団地や、場合によっては労働力がより安価で環境や安全性に関する規制がより緩やかな発展途上国に移転している。郊外の農業用地はよく貨物の積み替え地点、あるいは工業団地や物流拠点に転換されている。巨大な倉庫は都市やその近郊に設けられることはもはやなくなり、多くの作業が自動化されているので、わずかの職員しか必要としなくなっている。それらは、人口密度の高い都市と関連づけられる渋滞や、その他の移動に関する制約がきわめて少ない基幹的な高速道路に沿った場所に設けられる傾向にある。

コロナウイルスは私たちの購買習慣を変質させた。
オンラインショッピングの成長によって倉庫施設は
従来のショッピングセンターをしのぐ価値と収益を生み出すようになった。
経済学者はこれを不動産市場の転換点だと見なしている。

都市と都市の間の土地は物流センターや都市間の物品の移動の戦略的な拠点の領域となっている。このような開けた土地は、価格も魅力的であるだけでなく、農業用地であるがゆえに交通量に関する規制のような法的縛りがない場合もある。EUの厳格な基準ではトラックドライバーに一日9時間以上の運転を認めていない。ヨーロッパの地図を見れば、EUの中心にある国は、大陸の広範囲をカバーすることができることから、ハブとして決定的な戦略的優位性を持っていることがわかる。そういった国々が今日の物流ハブになりつつある。彼らが輸送する物品の多くは、その土地の市場とは関係ないものである。

将来の郊外の景色は、自動化された物流センターや、自然エネルギーを収集する装置（発電用風車や太陽光パネル）、サーバー団地や、機械化された農業の技術によって特徴づけられることになる。

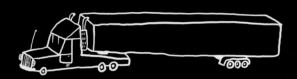

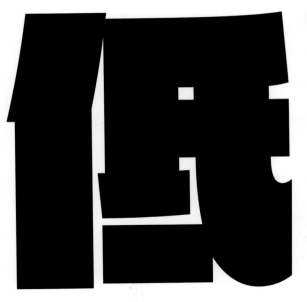

密度の現象は過疎都市と関連する。都市の人口密度は都市の効率性に影響を与えるだけでなく、ときには決定づける。都市計画のなかの隙間や空白は、都市の管理をより難しくする。都市の基幹設備や基盤施設を維持するにはお金がかかるので、貯えが少ないところは破綻の可能性が潜んでいる。

低密度の住宅は都市にとって非経済的である。3棟の建物からなる街区と50棟からなる街区は、同様の下水道をはじめとするインフラの整備と維持管理を必要とするので、前者の維持管理コストははるかに高いものとなる。人口密度が低ければ低いほどひとりあたりの**コストは高く**なり、財政への負担も大きくなる。人口密度が低い地域に効果的な公共交通機関を提供することは難しい。沿線区域の人口が少なすぎて経済的に成立しないのである。その結果として都市の人びとが不足分を肩代わりしなくてはならない。

前世紀、建築行政は都市の土地利用の法整備にあたって、近代主義者の主張に則した古典的な都市街区とは対極にある建物間のオープンスペースと陽あたりを優先する傾向があった。そのため、多くの場合、十分に維持管理されていない人口密度の低い都市が出現することになった。逆説的だが都市における空き地は障壁になりうる。このような土地の下手な使い方は（伝統的な街区や広場とは対比的に）、分節が感じられないだだっぴろい空間を生んでしまうおそれがある。ベルリン、ウィーン、チューリッヒ、プラハ、アムステルダム、コペンハーゲンといったヨーロッパの主要都市は、他の地域とはさまざまな面で異なる建築規制のもとにある。これらの規制によって都市の発展の命運を左右する道路線形、建物の外形線、建物高さといった要素の一つひとつが決められている。

都市開発において計画される公園が多くなりすぎると移動距離が大きくなり、
交通機関への負担が増え、都市の予算や環境への負荷を増やすことになる。

建物の密度を定める法規制は都市の将来にどういった影響を及ぼすだろう。1haあたりの人口がそれぞれ33人と39人であるワルシャワとベルリンは非常に低密度な都市である（ウィーンの人口密度は約41人で大阪（市域）が123人、東京（区部）が156人、ミラノが73人である。一般的に1haあたり100〜200人が適正とされる）。人気の高いバルセロナやパリの中心街はそれぞれ163人と212人の人口密度となっている。プラハの伝統的なアパートの街区も同様に高密である。アメリカでそれに匹敵する人口密度となっているのはニューヨークのマンハッタンのみである。同じニューヨークでも郊外の衛星都市（庭に囲まれた一軒家が主流）は、1haあたりの人口密度はわずか10人程度である。

都市の建造物に対する1haあたりの年間の財政負担をひとりあたりに換算すると、人口密度の低い都市では高密度の都市と比較して5倍に近い数値となる。人口密度の低い都市は非常に非効率なのである。経済的に厳しい状況では、昨今のデトロイト（アメリカ）で目の当たりにしたように、都市は容易に破綻しうるのである。

低密度都市

縮小山褶部

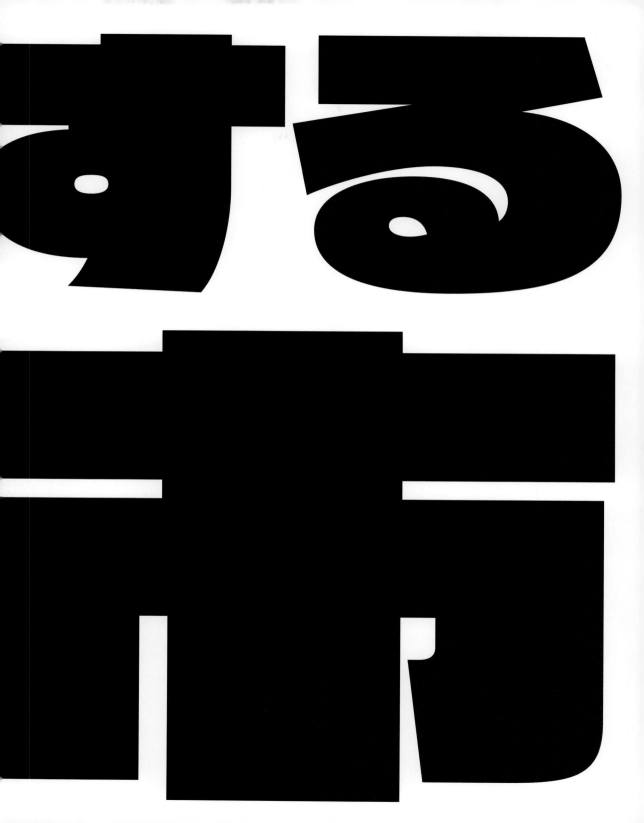

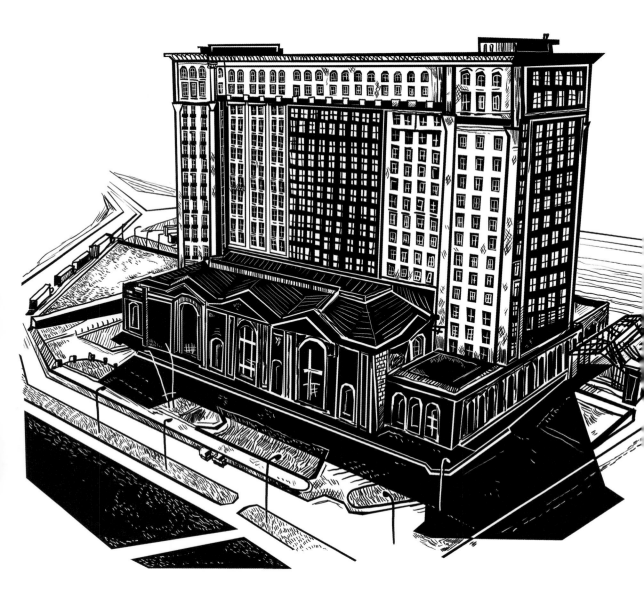

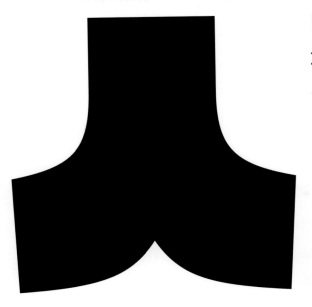

口の成長が止まるかあるいは減少に向かうのは先進国においてよく見られる現象である。都市に人びとが流入する一部の成功例がある一方で、人口の転出や、自然減少が起こっている失敗例もある。うまくいかない都市では教育と雇用機会が低下している。低い所得と購買力の不足は物品やサービスの縮減を招く。不動産価格は低迷し、建物は空き家のまま残り、荒廃が進み徐々に解体に至る。機能不全に陥っている都市で企業はテナントを見つけられず、新たな工事は事実上存在しない。自治体の予算が一層小さくなることに反して都市の維持管理費はよりいっそう膨らんでいく。

破綻を避けるため、停滞している都市は住民の生活水準を維持するために規模を縮小し、将来に備える必要がある。これを実現する手段として、より成功している都市との間に頻繁で質の高い輸送機関を確立し、住民が転出しなくても通勤、通学に不自由しないようにすることも結果的に含まれる。

EUの都市の半数以上が縮小のプロセスからの影響を受けている。
この現象は、ウクライナ、ロシア、アメリカ、日本、オーストラリアなどでも見られる。

縮小する都市の一部では、空き地を農地に転用することで**自然に還す**場合もある。また、輸送ルート（たとえば市電や、郊外あるいは通勤鉄道）沿いへ集約することで都市を賢く縮小することができる。このようにすることで都市は、**都市としての性質**を保ちながら縮小できる。

別の解決方法は、過疎地区を公共インフラから部分的に切り離すやり方である。これは、私設の井戸の掘削、太陽光発電の屋根、家庭からの生ゴミのコンポスト化、自治体による市民農園や地産農産物の支援、在宅勤務の推奨といった手立てが必要になるが、日常生活のためのコストや必需品のほとんどを住民に転嫁することができる。このような分散による解決策は個人に大きな経済的負担を強い、また彼らを周辺環境の浮き沈みに晒すことになるかもしれないが、最終的には最も安定的でサステナブルな解決策だろう。

私たちはよく、都市をその周辺環境やより広域的な地域と切り離して考えてしまう。しかし、今日は都市交通網の発達により、郊外へ向かう路線の終点まで都市は広がっている。交通網は、都市の最果ての地点からもできるだけたくさんの人びとを快適に中心まで送り届ける。決まった時刻表で動く通勤列車が導入されたことで、乗客の輸送をより簡単に簡便かつ魅力的なものとした。

バーゼル（スイス）の通勤列車の終点はマルハウス（フランス）とフライブルク（ドイツ）である。また、ベルリン（ドイツ）の長期計画の議論のなかで示唆されたのは、この都市がニューヨークに始まり、イスタンブール（トルコ）にまで続くということであった。もちろんこれは単なる輸送網の話ではなく、文化、貿易、経済におけるつながりに関するものである。ベルリンにはアメリカ人とトルコ人の大きなコミュニティがあり、そのつながりは無視することができないということである。同様に私たちは、ロンドンはムンバイ（インド）に始まり、ラゴス（ナイジェリア）まで続くといえるかもしれない。

ロンドン、ニューヨーク、トロント、シドニー、シンガポールとサンパウロは、200以上の言語が使われる世界で最も民族的多様性に富む都市である。このようにグローバルに考えることを学べば、現在の都市開発にこれらの文化的な財産を活用することができてくる。

デリバリー専用

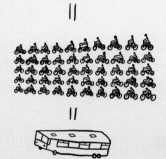

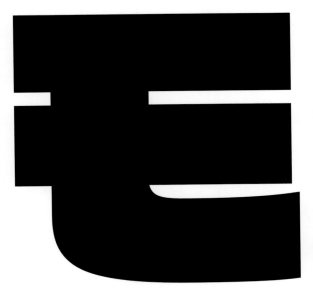モビリティとは、都市の内部あるいは都市間の人、物品、エネルギー、情報などの迅速かつ安価な移動のことを指すが、これはどこの都市の中枢部においても繁栄の鍵となるものである。都市のモビリティの手段の現状が明日の都市の姿を決定づける。私たちがどんな交通手段を選ぶかがライフスタイルに大きな影響を与える。輸送手段は私たちの距離や空間の感覚を形づくる。メディアの宣伝を真に受けて言うなら、自動車を所有することは個人の自由を獲得することだ。しかし実際のところ、車はモビリティの向上に貢献しないどころか、むしろそれを減少させてしまう。これは車の出す騒音、埃、有害な排出ガス、利用者や他の居住者の健康への負の作用や巻き込まれるかもしれない事故などについて触れる前の話である。まずここでは通行量と輸送手段についてより詳しく検証してみたい。

徒歩

大多数の人間は小さいときから歩くことができる。しかし、現在の都市ではあたかも歩き方を一から学び直しているかのようで、都市で歩くということを忘れてしまったような人ばかりだ。そうでなくとも、歩きたいが状況がそれを許さない人もいる。今日の都市には多くの障壁があるだけでなく、**ヒューマンスケール**からかけ離れたものに満ちている。何車線もある高速道路、大きな駐車場、うるさくて危険な往来、長い距離や障害物の多い舗装面。こうしたものは歩いてどこかへ行くことをきわめて困難にする。

平均的な香港の人は1日5km以上歩く。
平均的なアメリカ人は1日3.6km、インドネシアではわずか2.6kmである。
身体的に活動している人口と活動していない人口との格差が最も大きい国
（例…アメリカ、サウジアラビア）では、肥満のレベルが最も高い。
歩行者のための整備が進み、歩行者にとって快適な都市では人びとはより多く歩く。

機能主義が絶対的地位を占めていた1960年代から70年代にかけて、自動車交通は幾層にもわたるインターチェンジに分離され、歩行者の地下道や歩道橋が組み込まれた。実用と技術の面から、汚染を伴う大量の車の往来と搬出入は地面のレベルで行われた。そして歩行者は、健康増進の太陽と新鮮な空気のある、デッキレベルの商店街にいるように計画された。だがこのような計画によって、歩行者の移動に乗り越えられないほどの障壁ができてしまったのが実際のところである。歩車を分離することは不便で非実用的であるだけでなく、都市に問題の多い醜悪な場所をつくることになった。今日、立体交差は膨大な費用をかけて解体されている。なぜならその下や周辺に展開される光景が目に優しくないうえに危険で都市空間に負の作用をするものだからである。都市というものは全体として高い品質を目指すべきである。それは、いくら素晴らしい住宅地があったとしても周囲

のインフラ環境がうまく機能しなければそのよさは台無しだからだ。街路の計画では歩行者と、自転車と公共交通機関の移動のバリアフリー化をこの順に優先する。都市の住宅街で、従属的なものとして抑制されるべきなのは自動車であり、決して歩行者ではない。過去に多くの都市は交差点にスロープを設けて歩道と車道の段差を解消する「バリアフリー化」を行った。確かにこれは道路の横断をバリアフリー化したが、それは自動車の往来を優先するなかで人を車のレベルに合わせたまでである。20年前はこのような通行の規制が最先端だと考えられていた。しかし今では弱者としての歩行者が都市を無制限に移動する権限を認めている。そして自動車は側道から合流するとき、歩道の高さに合わせたマウンド（敷居）を乗り越えることになる。あくまでも運転手が歩行者のニーズを尊重しなくてはならないのであって、その逆ではないのである。

都市を歩けば、もっと緑が必要だと気がつく。暑い夏の日、木陰のない道を歩くのは不快なものである。歩行者は駐車場を必要とするわけではない。かつては道路に沿って木を植えるのが一般的であり、それは歩行者や馬車や動物に木陰を提供した。だが今やすべての自動車にはエアコンがついているので、街路樹は邪魔なものであり、事故の原因でさえあると見なされている。多くのドライバーたちが木の伐採に賛同するのは、自分たちは必要としていないからである。街路樹を植えることがきわめて機能的で技術的に複雑なことであったとしても。

自転車

他の輸送手段と同様に自転車は都市計画のツールである。どういった輸送手段を推奨するかで都市の将来像が変わってくる。誰を優先する都市を望むのか、モータリストか、サイクリストか、それとも歩行者か。ここでの選択は私たちが都市全体をどのように考えていくかにも影響を与える。移動手段は空間や距離の感覚をも左右する。もし徒歩か自転車を好むなら、都市の反対側で仕事を探そうとは思わないだろう。むしろ徒歩圏内の近いところで探すことになる。また、毎日通勤に50km運転（車内で長時間過ごす）してもよいなら私たちの都市に対する考え方は大きく変わってくる。都心に近いところにより高い費用をかけて通勤のないところに住むか、移動の費用と時間はかかるが郊外の安価な住宅に住むかの比較となる。

都市計画は多くの場合、政治または社会の要請からくる**空間の争奪戦**である。一般的に自転車交通は、あまり空間を必要としないので都市には好都合である。都市にサイクリストに譲る余地がないという考えは間違っている。かつて都市は車を受け入れる準備ができていなかったが、今となっては何よりも優先されている。都市計画に自転車レーンを拒む理由があるだろうか。さらに自転車は他の公共交通機関と違い、ドア・ツー・ドアで私たちを運んでくれる。

都市の公共交通機関

世界の多くの国が自国の高度に発達した信頼のおける公共交通機関を誇りにするが、どこも理想からはほど遠い。残念ながら都市の公共交通機関は**多くの障壁**をつくり、利用者を遠ざけてしまっている。たとえば低床車両やバリアフリーの停留所が増えれば、移動が制約されている人びとのアクセスを増やすことができる。停留所の縁石は乗り物の床はね出しの先端と同じレベルであるべきである。今までの、乗客がいったん道路に下りてから乗り物に乗るというふたつ障壁を乗り越えなくてはならない方法はもはや通用しない。

もしトラムや電車が停留所ごとに10秒遅れたとすると、沿線全体では数分の遅れとなってしまう。乗客が効率よく乗降するためには、乗り物の扉の数が大切な検討項目となる。交通機関の路線の計画者は、停留所はその先へ行く乗客にとっては遅延の原因となってしまうが、乗客を目的地のなるべく近くまで運べるよう十分な数の停留所を設ける必要がある。これが異なる交通手段がそれぞれ異なる停留所間で形成されている理由でもある。

ある交通機関は正確だが乗り心地が悪い。地上の交通機関はエアコンなしではとても暑い気候に耐えられないものになってしまう。また乗り継ぎの悪さと座席の不足も問題である。座る席がないのを知りつつ公共交通機関を使って遠方まで移動する人がいるだろうか。全員が運賃を払っているのだから、なぜ全員に座る権利が付与されないのか。自分が車で移動するのであれば、エアコンの効いた空間で席を約束されている。都市の住民に車を放棄させ公共交通機関になびかせるには、公共交通機関は以下のすべてを提供しなくてはならない。それはスピード、正確さ、快適性、十分な座席、にこやかに乗客を迎えてくれる運転手である。

東京の地下鉄は世界で最も利用者が多い。
信じがたいが一日870万人の乗客を運んでいる。
しかしこれは東京の電車の一日あたりの利用客のわずか22％に過ぎない。
首都圏を地下鉄、電車あるいは都電で毎日行き来する人数は4000万人にも上る。

自動車

いかなる交通手段も都市のあり方とその形態を変えることができる。城壁が解体された後、都市は鉄道に沿って発展してきた。その後、都市は中心部に人びとを運んだトラムに沿って成長した。自動車が出現する前、重要な交通の拠点から離れたところに個人住宅を建てようとするなど想像を絶することであった。しかし自動車が広く普及すると、人びとは都市からたどり着きにくかった離れた場所に土地を求めるようになった。自動車が都市計画の要素となると都市は田園地帯に広く展開するようになった。

空間の限界に到達するまで、すなわち自動車の数が渋滞を招き駐車場に空きがなくなってしまうまでは、すべてがある程度うまくいっていた。この時点で都市計画家が再び登場する。彼らは自動車が都市における輸送ネットワークを助けることなく、むしろその足を引っ張っていることを立証した。都市は制御がきかない状態で膨張を続けており、自動車は環境に害を与えているだけでなく、うるさく危険でもあった。しかし最大の問題は自動車の占める空間の量である。

私たちが自動車を使うのは一日の約1割にも満たず、残りの9割は駐車されている。1台の自動車はいくつもの駐車スペースを必要とするかもしれない。1台分は家の近く（ここで夜を越すことになる）、もう1台は仕事場、また、ショッピングセンター、スポーツセンターなどの施設にも必要となる。これらの場所では出入りはあるもののつねに十分な駐車スペースが必要となる。都市内の（施設間の）距離も駐車場とそこに至る道路によって不釣り合いに引き伸ばされている。

その帰結はもちろん道路の拡幅であり、すべての自動車を受け入れることができるさらに巨大な駐車場の整備である。車を所有していない者は行きたいところに行けなくなっている。目的地の距離があまりにも引き延ばされたために徒歩では対応できない。したがって、自動車なしで生活する意思をもつ人びとも自動車を購入せざるを得なくなる。通行量はさらに増し、速度は落ちる。再度駐車場がいっぱいになると、都市も再度自己膨張しなくてはならなくなる。これらすべての新規インフラの費用負担は持続できないことを私たちは理解している。自治体はそれを維持する財源をもっていない。言うまでもないことだが、自治体は居住者の生活を豊かにするための他の方策にも財源を投入する必要性もある。

しかしながらこの危険なサイクルから抜けることができない。自動車に乗っているとき、私たちは都市とは直接に接することはない。それによって都市の活力が損なわれはじめる。車の多い道路は歩行者にとって魅力の薄いものになり、路面の商店は潰れてしまう。エアコンのついた車は樹木や木陰を必要としない。私たちは車のための空間がさらに必要になるので樹木を切ることになる。そうなると路面温度は上昇し、真夏は歩行者にとっ

て耐えられないものとなる。さらにアスファルトの表面はもはや水を浸透させたり気化させたりすることができなくなり、豪雨の後、雨水はすぐさま排水され、今まで鉄砲水と縁のなかった場所でもその危険性が増すことになる。自動車の出現以前の都市はそのような事態への準備ができていない。高い交通量を許容するには駐車場は不十分だし、歩道や道路も幅が足りない。都市の旧市街に地下駐車場を整備することは困難をきわめる（古い住宅の地下を掘ることが求められ、ときには成木のある中庭を犠牲にすることになり、多くの人びとはそれを都市に対する侵害と捉える）。端的にいうと自動車はあまりにも多くの都市空間を占拠してしまう。しかも90％の時間は何もしないで妨害物として存在するのみである。

自動車が空間を必要とする以上、解決策は、電気自動車ではない。種類とは関係なく自動車というものは都市で公共交通機関を妨げ、その効果を減らし続ける。自動車交通のためのインフラの建設や維持管理の費用が温存される限り、歩行者や自転車のインフラ整備、あるいは高品質で大きな都市公共交通のための財源が生み出されることはない。

アメリカでは人口1,000人に対して908台の自動車がある。
これは、日本（661台）、ドイツ（628台）や北朝鮮（1台）よりはるかに多い。

輸送手段と交通

マルチモーダル輸送

うまくいかなかった都市は最後の手段として中心部から自動車の締め出しにかかる。うまくいった都市は住民に自動車に**取って代わるよりよい手段**を紹介する。マルチモーダル輸送システムは自動車を禁止しないが、複数の代替手段の選択肢を提示する。代替手段のもたらす利点は車を家に残すに十分な理由になるはずだ。私たちはその時々の状況に基づいて選択している。もし雨が降っていたらカーシェアやタクシーで移動しようとするかもしれない。そのときに渋滞に巻き込まれたとしてもイブニングドレスが濡れることはない。翌日少し運動したくなれば、自転車に乗るかもしれない。また、何通かのeメールを書かなくてはならないときは、公共交通機関に乗ってできるだろう。これらの選択肢はいずれかが優先されるわけでもない。そしてすべてが都市へ何らかの影響を与える。ここでは選択肢が多ければ多いほど自分と都市にとってよりよいことなのである。

ロジスティクス

通行量と輸送の計画は、人びとのことだけを考えればそれで終わるわけではない。都市への商品や食料の供給は、廃棄物の収集と回収とともに重要な課題である。都市での買い物方法は通行の状況とそのありようを決定する要因である。地元のベーカリーから買ったパンは手で持って帰ることができる。しかし週に一度街はずれにあるショッピングセンターに行く大量の買い物は徒歩でまかないきれない。オンラインアプリやデリバリーサービス、ピックアップサービスといった新たな選択肢のお陰で購買の習慣は根本から変質しようとしている。郊外の店舗で大量に購入する人びとの円心分離的な（中心から離れていく）移動はゆっくりと逆回りし始めている。今では郊外の倉庫から小さな車両が都市に向かって出発する。多くのレストランは顧客の家まで自転車や徒歩で配達を行う。巨大なショッピングセンターは近いうちに倉庫や物流センターに改修されると予測されているくらいだ。そこから顧客までの物品の配達には無人の車両やドローンまでが活用される。こういった新しい技術はSFのように聞こえるかもしれないが、新しい輸送手段は都市のありようと外観に多大な影響を及ぼすことは歴史が証明している。では**将来の都市**を今どのようにつくっていけばよいのだろう。

空輸と鉄道輸送

生鮮食料品を中心に物品がかつてないほどの量で空輸されている。都市近郊にあった空港を騒音の問題から住宅街から離れた地域に設けて**高速鉄道**でつなぐ方法が一般的になりつつある。

鉄道は私たちの都市における輸送の基幹である。鉄道の駅からの商店街が近代的な交通インフラと都市の歴史的な中心街とを結ぶ。19世紀後半から20世紀初頭の都市開発では、鉄道と駅は、開発の限界点を形成するに至っていた。しかし昨今、鉄道輸送は再評価の只中にある。駅舎は**輸送・商業・業務**の拠点を兼ねた多目的な施設として再建されている。それは今や、戦略的な立地と、多くの人びとの往来に恵まれた都市の新しい中心である。高速鉄道の発展によって、アジアやヨーロッパの鉄道は、今では中距離輸送において空輸との競合関係にある。

輸送される物品の8割は都市を起点あるいは終点としている。
物品の輸送は、交通機関から発生する温室効果ガスの4割を占める。
トラック輸送は全輸送量の10％をまかなっているが、
致死事故に関しては全体の4分の1に上る。
オンラインショッピングとデリバリーサービスの需要増により、
都市における物品の輸送は2050年までに今の3倍まで増えることが予想されている。

輸送手段と交通

データ技術と他の技術インフラ

私たちはいつでもどこでもオンラインであることが常態となっている。しかしながら、すべての場所で同等の通信速度が提供されているわけではない。速い通信速度が鍵となる会社では、どこに事務所を開設するかを決める前に通信速度やネットワークを示す地図で検討する。ネットワークの基盤は光通信回線が理想である。一見形のないもののように思われるが、都市のデータインフラと情報ネットワークの流れは都市の外観に影響がある。それは上水、下水、電気供給のネットワークやそれにつながる事業が影響を与えるのと同様である。ワイヤレスのつながりや携帯電話ネットワークのユーザーによって形成されたクラウド上のデータは、将来の原材料である。**スマートアプリ**によるデータの深掘りやデータの同時提供や分析は、将来のスマートシティのより効率的な管理に結びつく。プラットフォーマーによる個人の利用データ（多くの場合秘密）の所有ならびに処理における寡占体制を批判し、匿名化された一般大衆のデータの一般活用（オープンデータ）を推奨する取り組みはもう一歩踏み込んでいる。輸送、共同体、不動産やセキュリティなどの都市の課題に関する新しい携帯の活用はすべての人びとが望むところである。

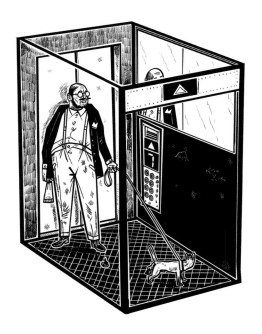

エレベーター

意外かもしれないが、エレベーターは都市開発に多大な影響を及ぼした。多くの古い建物は5階建てであるが、それは徒歩で快適に上れる限度だからである。宮殿や素晴らしいタウンハウスのファサードからもうかがえるように、2階と3階が最も格式が高い傾向にあった。これらの階にはバルコニーやより豪華なスタッコや他の彫刻的な装飾が施されていた。上階のアパートはたどり着きにくいこともあってより安価なものであった。また1階は、多くの場合店舗などを構えることで収益をもたらしていた。ところがエレベーターの発明は価値ある階の概念を逆転させてしまった。高層階へのアクセスが容易になることで、より上層の階が格式も価値も高くなった。エレベーターによって建物、ひいては都市が**上へ成長**するようになったのだ。高いところは眺めがよりよいだけでなく、通りの喧騒からより遠く離れていた。

インターネット接続速度の最も速い50か国のうち29はヨーロッパにある。セネガルでは5GBの映画をダウンロードするのに19分以上かかるが、モナコではそれは3分しかかからない。

多くの調査や不動産市場が示すように、人は緑化された通り沿いに住みたがる。私たちは緑の多いパブリックスペースで憩いたい。なぜならより快適だからだ。木はその場所を一段と魅力的にし、不動産価格に影響を与える。私たちは魅力的な地域にさらなる投資をする備えがあり、それによって地域経済は活性化する。道や地域の緑化に投資することはいずれ何倍もの利益をもたらすのだ。

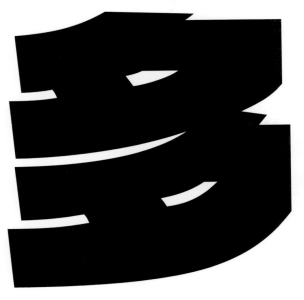

舗装化、都市の微気候、地球の気候変動

樹木は微気候にプラスの効果をもたらす。木々は蒸散作用によって気温を下げることで、周囲を涼しくする。それは天然のエアコンであるだけではなく、効果的に日陰を生み出している。落葉樹は理想的で冬に葉が落ち、太陽の光を通し、明るさと暖かさをもたらす。夏には葉が道やアパートに日陰をつくる。まさに木はシンプルでよくできた天然のエアコンである。植樹した木の下に貯水タンクを設置する効果はより広く認められてきている。理想的には雨水は舗装下の小さなタンクに集められるが、硬いアスファルト表面があるとそうはいかない。雨が降らず乾燥してくると木はそのタンクの水を利用し、大雨のときには貯水する。急激な雨に脆弱な都市の雨水排水システムの負担軽減をすることで洪水対策としても有効に働く。

都市のエネルギー消費を削減することなく、再生可能エネルギー（とくにバイオマス、太陽光、風力、地熱）の生産に切り替えることもしなければ、街路や近隣レベルで樹木を植えたり手を加えたりしても、異常気象やその他の気候条件から私たちを守ることはできない。現在世界の都市部では全エネルギーの75%を消費し、それによって地球温暖化の原因となる温室効果ガスの75%を生み出している。気候の大惨事を回避するには新たな開発にかかるエネルギー消費を制限するだけではなく、必要エネルギー量も大幅に減らさなければいけない。それらはまず建物の冷暖房（消費量の51%の削減が必要だが、現在は消費量のたった10分の1が再生可能エネルギー）、交通、移動手段（32%の削減が必要、現在はわずか30分の1が再生可能エネルギー）、電力（17%の削減が必要、現在は4分の1が再生可能エネルギー）だ。しかし、より少ないエネルギー消費で温室効果ガスを減らしながら、いかにして都市を建設していけばよいのだろうか、どうやったらスマートな再利用ができるのだろうか。

木々は都市の気温を最大5.5度下げる。
1本の木は1日で最大100リットルの水を蒸発させ、周囲を70kWh冷却する。
夏の日には10時間この蒸発冷却機能が稼働するとして
1本の木は1時間あたり7kWで周囲を冷やす。
そのエネルギーは3室のアパート用の家庭用高出力エアコンの能力に相当する。

環境の劣化

緑化された大地を守る

多くの国には自然環境保護のための法律がある。土地所有者はその土地に好き勝手に建物を建てることはできない。多くの場合、建物が敷地に占める割合は建ぺい率として決められている。閑静な住宅街だとその比率はわずか25〜40%だったりする。これとあわせてよく見られるのは、緑地の割合を規定する指標である。それは、敷地面積から建物だけでなく、通路や道や駐車場などの舗装面をすべて差し引いた数値の比率である。歴史ある都市にある居住街区の中庭に増築するのは投資家には魅力的に映る。だがそのような開発は都市の生活の質を著しく悪化させるだけでなく地域の気候を温暖化に向かわせ、水資源の問題を引き起こす。地上レベルのスペースが不足している多くの都市では緑の屋根やファサードを促進し、特定の地域に不足している公園の代替とする。新しい都市公園をつくるために土地を買収するのは困難である。住居の屋上緑化は水分を調節し、屋根裏直下の部屋の空気を涼しく保ち、地域の微気候の改善に貢献する。

都市にとって重要な緑の回廊としての川

川は自然と都市がどのように融合しているかを示す好例だ。都市は人間の生息地である。また、都市のなかを移動する鳥、昆虫、小動物、加えて多くの植物も生育している。川はこうした都市の自然生態系の背骨となる。河岸の全長は都市を有機的に貫く自然の帯である。大規模に建築的につくりこまれた河岸もある。たとえばパリでは川の沿岸は公園や果樹園や小島とネットワーク化されているが、その脇の舗装された堤防には自然はほとんど残っていない。

川の自浄作用にはスペースと自然の川床が必要となる。かつては自然の流れや、流れる川の経路がコンクリートで制御されるのが普通だった。自然の蛇行を取り除き、まっすぐで狭い川底をつくると大波は行き場を失い、洪水のリスクは高まる。現在一部の公園は、あふれた水の流入エリアとなるよう設計されている。これらのエリアは乾季には運動場として使用される。他の都市公園、たとえばコペンハーゲンのトーシンゲなどでは、近隣の建物や道路からの雨水を、一時的に貯留できるタンクが設置されている。そうした遊水池では水は地中に浸透したり、蒸発したり、他へ自然と流出したりする。そうして集中豪雨の危険を軽減する。水の余剰、不足、消費を処理する水管理は、今日の都市ではきわめて重要だ。都市計画の多くは、都市計画家ではなくランドスケープアーキテクトによって行われており、都市は文化的景観の一部になりつつある。すなわち人間活動と環境の共生である。

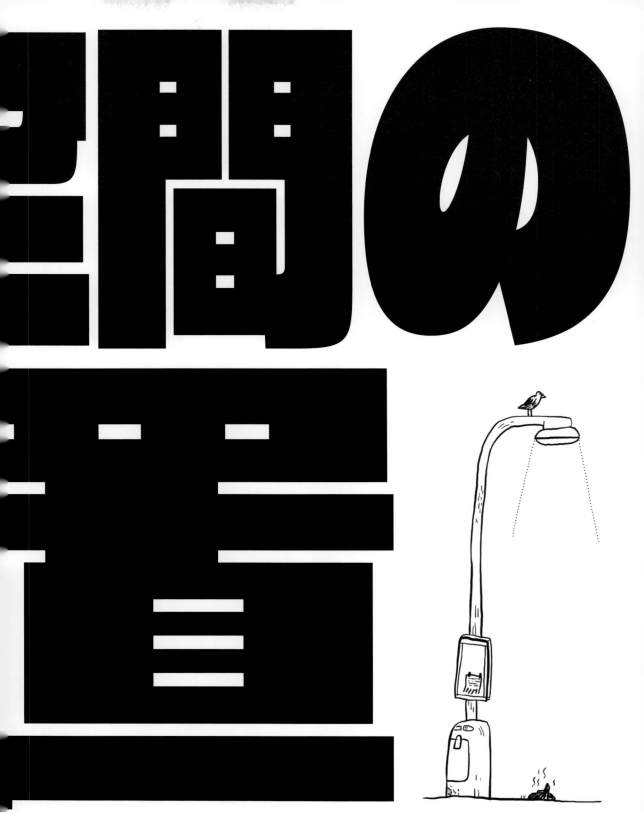

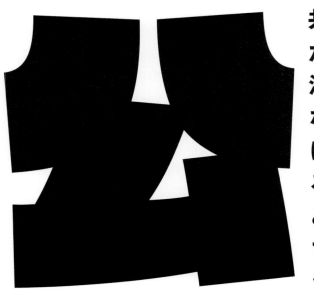共空間とは、誰にでも分けへだてなく開かれた空間で自治体が所有する、地域とか州などの土地である。公共空間は屋外だけでなく屋内にもある。図書館や学校、官公庁などの公共機関の施設内。私たちが「都市の公共空間」というとき、最も一般的には都市の広場、道路、通路、ショッピングアーケードと公園などを想定している。

公共空間の放置

インフラとプログラムの不足

都市によってはその土地利用図を見ると、自治体が効果的に開発できずにもてあましている公共空間があることがわかる。そうした場所は放置されて、ストリートファニチャー、とくにベンチ、水飲み場、またバスケットやテニスのコート、そしてこども、若者、高齢者のニーズに特化したエリアが不足し、汚れたゴミだらけの場所となっている。公園にはトイレや水飲み場がなく、メンテナンスが行き届いた公共スポーツ施設、都市、バーベキューや犬の散歩などのためのエリアやルールもない。

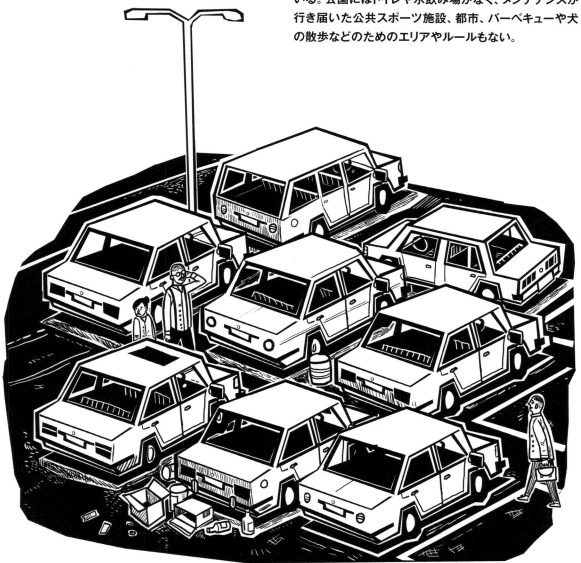

都市の最適な人口密度は、1haあたり100人〜200人である。

長年にわたり自動車を優先してきたことがおもな原因で、都市の公共空間では、克服できない問題に遭遇している。たとえば、設置場所の悪い交差点、高架や地下道、どこにも通じていない狭すぎる歩道、広すぎる道、過剰な横断歩道、乱暴に停められた車。同様に、冬場のいいかげんな除雪も問題だ。

都市は、どれだけの空きスペースが経済的で管理可能であるか、公共予算のどれくらいを公共空間に投資する意思があるかを再考する必要がある。公共空間が多ければ多いほどよいと信じたくなるが、これはつねに正しいとは限らない。公共空間の維持管理には多額の費用がかかり、都市住民のニーズは急速に変化する可能性がある。かつて活気に満ちた市場だった広場は、現在では駐車場として二次的に使用されている。公共空間は私的利用に移行しており、それが生活の質の向上に寄与しない。

道路、市場、広場、公園、運動場などの公共空間は、
空間全体の30％を占める必要がある。
それによって都市の連続性をつくり、ビジネスやサービスを支援し、
安定した環境を維持し、住民の健康、安全、そして社会的包摂を進める。

公共空間とは空っぽで特徴がない場所ではない。**しか
し、インフラと調整された計画がなければ、**往々にして
役割を果たせない。公共空間は、会議、リラクゼーショ
ン、文化、政治、ビジネス、スポーツ、その他の目的で、
できるだけ多くのグループや年齢層に対応できる身近な
ものでなければならない。安全でバリアフリーな環境を
提供しながら、四季折々、一日中さまざまな用途に活用
できること。また自然豊かなものでなければならない。

公共空間のすべてに明確に定義されたプログラムが必要なわけではない。自発的なイベント、マーケット、コンサートに対応するものもあるだろう。1回限りのイベントにも、電気と水道の供給、夜間の照明、警備体制などの高度なインフラが必要となる。公共空間は多様な活動に備えなければならない。空間計画やスケジュール管理など、その利用にあたってルールを設定する必要がある。公共空間はみんなのものである。その用途は継続的な議論によって決定される。

公共空間には定期的な**点検とメンテナンス**が必要となる。都市計画のプロセスは、社会が受け入れることのできる使われ方を規定する必要がある。公園の場合、私たちは囲いをつくり、開園時間を決め、防犯カメラを設置し、何をしてよくて、何が禁止かを教えてくれる監視員など、規則の多い体制を選択すべきか。それとも、ほとんどのことは許可し、毎日または主催するイベントのたびに、清掃部隊によって綺麗に元に戻す程度のことを税金でまかなう寛容なやり方を選択すべきか。

そうしたアプローチは都市ごとに異なる。ロンドンの多くの公園は夜間に施錠される前者の考え方だ。ベルリンは後者の、よりリベラルな案を好む。ただし、ベルリンのモデルは、ベルリン市民に公共空間の清掃費用を支払う意思がなければ成功しなかった。彼らは、管理や規則を減らすために、増税は価値ありと考えた。ふたつのアプローチが組み合わさり、公共空間は自由に使うが、料金を支払うつもりがなく、清掃サービスなしとなると、悪い結果が生じる。公園や道路が放置され、ゴミで埋め尽くされていると、私たちはそこに快さも安全も感じない。市の公共空間が住民にとって使いやすく快適であるためには、**つねに手入れ**が必要だ。

公共空間の放置

視覚公害

街や都市の大きな問題として、公共空間で注目を集めるがために美観を損なう派手な広告がある。公共の場でのそのような広告は恥知らずな寄生的行為である。広告は、権利として長い間都市に存在してきた。しかし、暗闇で点滅し、歩行者をまぶしくさせ、道路交通に危険をもたらす超高輝度のLCDパネルはかつては存在しなかった。

新しい建物のファサードの建築的に繊細なデザインについて、私たちは何日もかけて議論することがある。建物の表情、規模、形、素材、色彩を考慮する。しかし、その努力が、味気のない店頭広告や壁一面の広告によって台無しになってしまったら、建物への配慮は何の意味があるだろうか。議論はつねに進化している。グラフィックスと同様に、美的および文化的評価もますます洗練されている。都市環境では、会社のロゴや看板は適度な大きさで、色の使用が抑えられていることが、全体的な美的印象に貢献する。屋外広告に関する規則を記した**公共空間設計マニュアル**をもつ都市もある。

看板は、なかには非常に大きなものもあるが、大きな産業であると同時に政治的な問題でもある。政治家は、選挙運動のために特大の広告スペースを利用することがよくある。そうすることで、彼らは公共の都市空間を悪用する。巨大な看板は、都市部から遠く離れた高速道路の脇ならまだよいかもしれないが、これにも疑問の余地がある（大規模な広告はドライバーの注意をそらす可能性があり、通行の危険を招く）。都市環境では、隣に空きスペースがある建物の切妻の壁が、広告目的にはるかに適した場所となる。2015年、フランスのグルノーブル市は、すべての看板を通りから撤去し、代わりに樹木を植えるべきとの判断を下した。

ブラジル最大の都市サンパウロは看板を禁止した。
そしてインドのチェンナイにも2009年に同様の規制が行われた。
米国ではバーモント州、メイン州、ハワイ州、アラスカ州で看板が全面的に禁止された。
一方、2018年にドバイには世界最大の看板が出現した。
面積は6,260㎡で平均的なサッカーピッチのサイズであった。

ジェネ
ラティブ
ネ
デザイン

トレリショコンとするる住宅

ェントリフィケーションとは、低所得層の住民（若年層の家族や高齢者など）が都市の中心部から押し出される現象をいう。一部の行政は、新たな住宅の建設を拒否している。以前の地代で都市部の住宅ストックを売却したうえに、社会が不均衡な人口構成になって、行政は規制力を失った。最も極端なケースは、空間を隔離させ住民が集団で疎外や移転の対象となった。結果として生まれた隔離的空間が、一方では億万長者のための私的な「ゲーテッドコミュニティ」と、もう一方では貧困者や排除された人びとの排他的なゲットーを生み出す結果となった。このような地域は、社会的緊張の高まりとそれに伴う高い犯罪率に悩まされている。

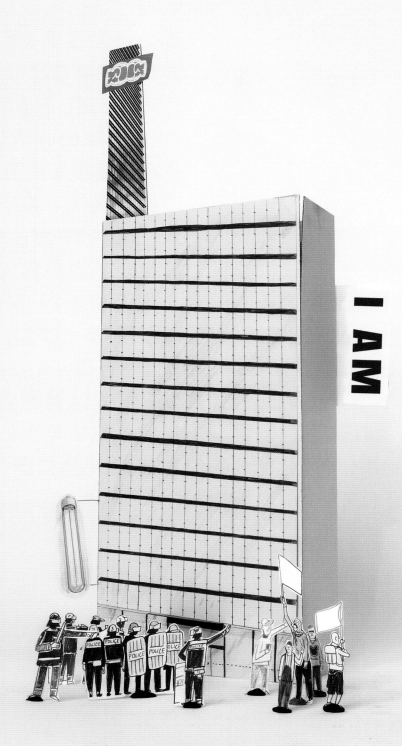

都市の人口は、さまざまな社会および所得グループで構成されている。都市部でそのようなグループが混在することにより、社会がより風通しがよくなり、社会的流動性が促進される。しかし多様な人びとがいることは、紛争の原因となる可能性がある。それを自分たちのアイデンティティに対する脅威とみなす人もいる。研究によると、私たちは共通点が多い人びととともにいることを自然と好み、最も幸福な社会（たとえばスカンジナビア）では、さまざまな住人グループの社会的差異が比較的小さいことがわかっている。しかし、都市社会はつねに、転入者の可能性とエネルギーに触発され、進歩的な考え方から恩恵を受けてきたことを忘れてはならない。この前提に基づいて、都市計画者や計画立案者は、都市のすべての地区、さらには個々の建物内においても多様性を十分に確保するよう努めている。長い眼で見れば偏りのない均等な多様性があれば都市部は最も長続きするようである。ロンドンでは、すべての新しい商業建築計画には公営住宅を20%含めることが義務付けられている。

それでも、私たちの都市は、よりよい地域とより悪い地域のなかの、よりよい住所とより悪い住所で構成されている。地価の高い地域の家賃が上昇すると、成功していない人や年金生活者は容易に経済的困難に陥ってしまう。高収入の人びとや、数泊の滞在で家賃の数倍支払う覚悟のある観光客には太刀打ちできない。市場原理が拡大し、多様性が消失した都市や地区もある。ジェントリフィケーションは、人びとの間の亀裂を深め、都市コミュニティを破壊し、問題が片隅に追いやられ、そこで拡大し続ける負の社会現象だ。規制や制限という形での政治的介入がなければ、都市のジェントリフィケーションは解決されない。たとえばベルリン政府は2020年に家賃の値上げを5年間凍結し、家主が全体の6割以上を占有しているアパートの観光客向けの短期賃貸［訳注…いわゆる民泊］を制限することとした。しかし、家賃の上限規制は政治的に物議を醸し、訴訟に対抗できず、一時的に廃止せざるを得なかった。

ジェントリフィケーションと不足する公営住宅

都市は、多様なモチベーションと機会があふれ続けているべきだ。新しい人が新しいアイデア、ライフスタイル、食べ物、文化をもたらす。刺激が絶え間なく流入することで、都市は豊かになり、それによって農村部とは区別される。未知の要素がない都市は発展が止まり、停滞し始めるだろう。

多くの人は同類の人びとのいる社会でともに生きたいと願っている。なかには、レセプション付きのゲーテッドコミュニティを選択する人もいる。彼らの美しく、安全で、理想的な世界は、ゲートの外に見られる現実の多くの不快な側面から彼らを守る。フェンスの向こう側で何が起こっているかは、彼らの興味の外にあり、考える必要はない。しかし、非常に裕福な少数派とますます貧しい多数派の間の**不平等の急速な拡大**は、社会の不安定を増す。その結果、極度に貧しい地域が拡大して極端な分離が起こる可能性がある。この現象が起こってしまった機能不全の都市では暴力犯罪が増加する。2018年の夏の週末、土日の2日間で、米国シカゴ市では71件の銃撃事件が発生し、被害者12人の死亡が報告された。シカゴの南部と西部の貧しい地域では、銃撃事件が大きな問題となっている。失業率は約30%で、平均賃金は裕福な北部のかろうじて半分である。軽微な盗難が多く、市内全域で問題となっている。このような都市では、人びとは外出することを恐れてしまう。地域によっては、たとえ赤信号であっても車を停止することはお勧めできない。南アフリカでは、一部の国民が個人所有の銃で身を守り、自宅を電気柵で囲んでいる。これは生きていくのが楽しい世界ではない。

EUの人口の約5分の1は、貧困や社会的排除の危険にさらされている。
こども、女性そして高齢者はとくに弱い立場にある。
地球上では現在10億人以上の人びとが、スラム街に住んでおり、
その80%は東、南東、南、中央アジアとサハラ以南のアフリカに住んでいる。
そしてこの数字は増え続けている。

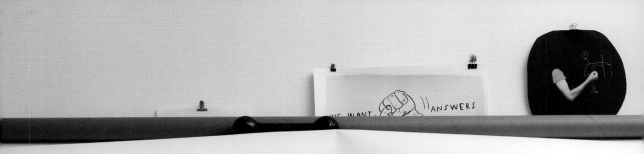

　　　　　　　　　　　　　　　ジェントリフィケーションと不足する公営住宅

都市の多様性は、地区レベルだけでなく、個々の建物内にもあるべきだ。今日の理想的な都市の建物は、1階に店舗やサービスがあり、その上にオフィススペース、その上に公営住宅、その上に一般的なタイプの賃貸住宅があり、最上階には富裕層向けのペントハウスがあるというものである。単一の建物内にさまざまな社会グループが存在すれば、通りや近隣に幅広いサービス、店舗、学校が提供される。さまざまな社会グループ間の日常的な出会いや交流は、多くの小さな課題や潜在的な対立を引き起こすものの、それらよりはるかに難しい問題を打ち消してくれる。

都市は本質的に争いの場所である。都市計画家も政治家も同様に、都市のさまざまな利用者から出される一見相容れない要求の調停に努力しなければならない。たいがいはすべての人をつねに喜ばせることは不可能である。では、どうすれば人びとがお互いに寛容な姿勢で共存できるようになるのか？　すべての紛争はお互いに合意すれば解決できるという信念を実践している場所もある。しかし、多文化メガロポリスの都市研究者は、異なるグループが互いに共存し、人びとが互いに寛容になり、協力することを学べれば十分であることに気づいた。もちろん、人びとにすべてを同じように強制するのは間違いだ。今日のメガロポリスは、異なる文化の繁栄を可能にする多様で同時的都市運営のよい例である。都市社会は私たちが望むほどつねに風通しがよいわけではないが、多くの異なる個人が共存しており、その相互作用によってお互いにに高め合っている。

ジェントリフィケーションと不足する公営住宅

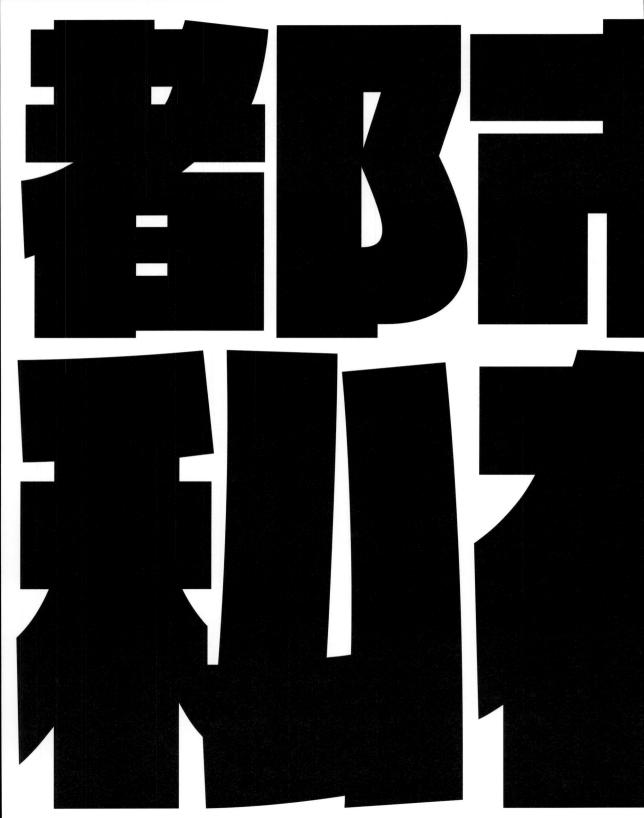

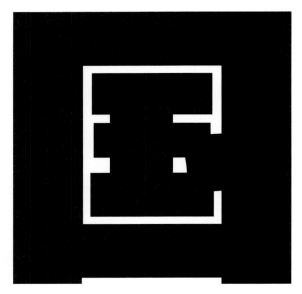

連は年次世界幸福度報告書を発行し、150か国以上をランク付けしている。収入、社会的支援、健康寿命、個人の自由の程度、信頼、寛大さなどに基づいて幸福度がランキングされている。スカンジナビア諸国は古くからランクの上位にいるのは偶然なことでは

ない。北欧の人びとは高い税金を払っているが、手厚い社会保障制度によって守られている。彼らは政治家や自分たちの住む社会を信頼しており、高度な個人の自由を尊重し、他人の生活に関心をもっている。フィンランドがトップで、デンマーク、スイス、アイスランドがそれに続く。興味深いのは、デンマーク、フィンランド、アイスランドが長い間、個人所得の差が最も小さい5か国のなかに含まれている点だ。私たちの社会が彼らの社会と同じように幸せになることを望むなら、私たちは彼らの知恵にならうべきだ。しかし、残念なことに、多くの都市社会は、逆の方向に向かっているようだ。

ショッピングセンター

店舗やサービスを都市の公共空間の外にある大型ショッピングセンターに移すということはいい換えれば、商店街、広場、市場を遠くに離し、**都市から活力を吸い取り**、経済活動を奪うことである。人びとは地元企業や近隣住民を支援する代わりに、都市開発に何の貢献もしない大資本によって民営化されたもうひとつの世界で時間を過ごすことになる。

大規模なショッピングセンターは、無表情なファサードと醜い搬入用の車路が特徴だ。彼らと都市との関係は寄生的なものであることが多い。ショッピングセンターとは物を売る場を集中させた場所であるからみんなが自家用車でやって来て、莫大な輸送負荷が発生する。商店街のある伝統的なダウンタウンが消滅しつつある。この現象は、1960年代と1970年代にデンバー、ダラス、カンザスシティ、セントルイスなどの米国の都市で最初に見られた。驚くべきことに、世界の多くの都市が、依然として同じ間違いを犯している。

当初、都市の商業の場は1階にあり、その結果、市の賑わいは通りのレベルにあった。事業用地は建物の所有者が保持しており、その修繕費は家賃でまかなわれた。所有者は建物を良好な状態に保つために、建物から得た利益を充当した。このようにして、通り、地区、そして都市自体が繁栄した。

建物の1階は街に活気をもたらし、人びとは通りに集まり、そこで出会い、挨拶し、買い物をし、娯楽を見つける。公共空間は繁栄した。このモデルは長年にわたってうまく機能した。やがてショッピングセンターが登場し、都市部の拠点からサービスや店舗を切り離し、それらをひとつの屋根の下に、幅広い魅力的な商品とサービスを高密度化するという原則に基づいて集積し、独立した特殊な建築物に収めた。

巨大ショッピングセンターが得た利益は、市街に還元されるのではなく、多くの場合、別の都市、あるいはもしかすると別の国にある所有者の懐に入る。買い物客が費やしたお金は、地元の小売店や地域経済を支援する代わりに、流れ出て戻ることはない。企業、サービス、顧客が大規模なショッピングセンターに流出しているため、市中心部の路面の物件を貸すのはさらに困難になっている。多くは空のままである。その他はコンビニ、質屋、ワインバーで占められている。**街が貧しくなる**につれて、建物はひび割れ、廃墟となる。地元の職人は仕事が不足し、老朽化した建物の賃貸価格は下落し、地区全体が衰退していく。街は内側から泥棒に遭っているようなものだ。

都市はつねに進化しているため、私たちの選択した結果が都市に与える影響を予測するのは難しい場合がある。100年前、巨大なウィンドウディスプレイ、各売り場の幅広い品揃え、エスカレーター、笑顔の制服を着た売り子を備えたきらびやかな都市のデパートは、新しい質の高いサービスを提供し、近代社会の最前線であると考えられていた。1か所に店舗が集中すると、都市の発展にマイナスの影響を与える可能性があることを知ったのは後になってからだった。今日のオープンでグローバルな社会では、私たちは間違いを繰り返さないように、間違いから学ぶことができるはずだ。

パリ、ミュンヘン、ロンドンでは、ショッピングセンターの商業スペースの面積は、住民1,000人あたり400㎡を超えていないが、タリンではこの数字はほぼ4倍だ。このエストニアの首都で国民の購買力が、先述の他の都市の住民よりも著しく弱いのにもかかわらずだ。最近では、市の人口の購買力が限界まで低下したため、多くのショッピングセンターは半分空になった。現在、多くの都市では、建設したショッピングセンターのスペースを、すべて活用できるだけの経済力がない。

ショッピングセンターには、店舗や娯楽施設だけでなく、郵便局、診療所、スポーツ施設などのサービスも含まれるようになった。将来的には、アパートも入るようになるかもしれない。あたかもショッピングセンターそれ自体が都市になりつつあるようだ。しかし、この都市は民営であり、住民は意思決定権をもたないいわば自発的な人質である。

人びとがすべての買い物をインターネットで行うようになったら、大型ショッピングセンターはどうなるのかという問題にはまだ取り組んでいない。もしそれらが破産すれば徒歩圏内で機能する快適な多機能都市に戻るかもしれない。

ショッピングセンター 100 メートル

なんでも買おう！

産直♡

2007年、アメリカでは1950年代以来初めて、
新しいショッピングセンターが建設されなかった。
相次ぐ倒産、使えなくなったモール、幽霊化したモール、ゾンビ化したモールが
辞書に載る言葉となった。

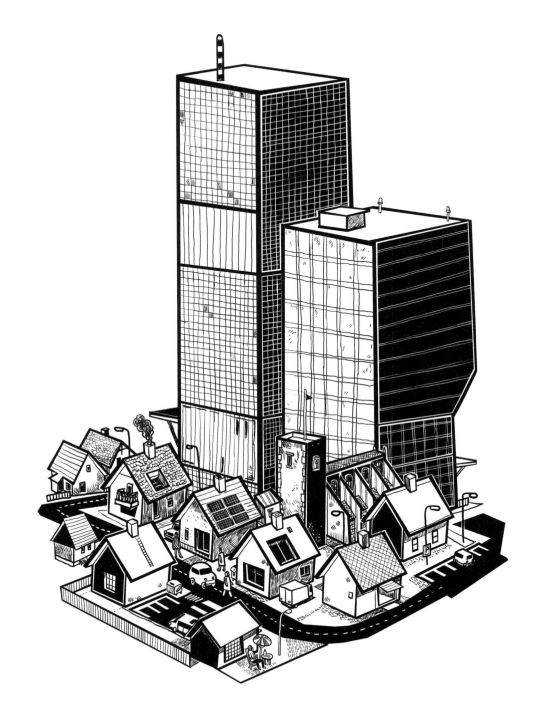

世界で最も高い超高層ビルの10棟のうち7棟は、中央集権国家にある。
そのうち5つは中国にある。ひとつはサウジアラビアにあり、
最も高いのはアラブ首長国連邦のブルジュ・ハリファで、高さは828mである。

超高層ビル

都市計画で優先順位を定めるときは、上へ伸ばしたい建物を決める必要がある。塔は統治や統制の象徴だ。塔は私たちを火災から守り、時間や市の行政センターを知らせてくれる。太古の昔から、都市は塔によって支配されてきた。君主の城、教会や大聖堂の鐘楼を思い浮かべてみよう。これらはその後市庁舎の塔に変わり、その後ラジオやテレビの送信機に置き換えられた。建物の高さは都市内の**権力のヒエラルキー**を表していた。

ある民間企業がその都市で最も高い超高層ビルを建てようとするとき、それは次のような一方通行のメッセージのようなものだ——この都市は民間資本によって運営されていて、公共の場は無意味だということだ。民間企業は自社が注目の的になるように興味を惹こうとする。基本的に、彼らは見渡す限りの都市を私有化する。

世界のビジネスと金融の中心地であるニューヨークの典型的なシルエットを知らない人はいないだろうが、それは他のほとんどの都市とは大きく異なるからである。ヨーロッパの都市はその共有財産が都市を特徴付けているが、アメリカではその上の階層に民間企業が建設を行う。高さ243mの東京都庁は、東京で最も高い建物のひとつである。その展望台（高さ202m）は無料で一般公開されている。私たちがここで目にしているのは社会契約にかかる繊細な**象徴性**の問題である。都市の中心部にある民間の超高層ビルは、強い経済を表象しているかもしれないが、公共圏が弱いことも示している可能性がある。さらに、お金がある人は好きなようにできるとも宣言している。

都市には高層の民間オフィスや、住宅の建物を含めるべきだろうか？　もしそうなら、それらはどこに配置されるべきか？　ロンドンやフランクフルト・アム・マインなどの例外はあるが、都市の経済力と技術革新の象徴である高層ビルは、歴史的中心部から離れて建てられる傾向がある。このような建物を私たちの都市に誘致するには、記念碑保護の規則、周囲の景観、**都市の交通インフラの構成と能力**を尊重した場所を見つけなければならない。ウィーンでは、厳選された地下鉄駅の上のみに超高層ビル建設が可能となった。このような措置のおかげで、交通渋滞が緩和される。高層ビルは多くの人が一か所に集中することを意味する。朝と午後のラッシュアワーには、人びとが非常に短い時間のなかで自分の仕事場への出退勤を行わなければならない。

地形、視覚軸、都市のスカイラインの特徴は、個々の建物のシルエットやプロポーションと同様に、プランナーにとって重要な検討事項である。建設、技術、安全性のコストと課題についてはいうまでもない。高層ビルの設計は決して単純なものではなく、多くの場合、経済的ではなく環境的にも社会的にも正当化されないものなのだ。

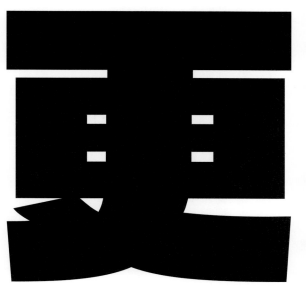地より空き家のほうが課税が低いため、都市の建物は長期間使用されないまま放置され、投機対象となることがある。過疎化や経済的な変革が進む都市には、使用されず朽ち果てる可能性のある歴史的建造物やモニュメントが多く存在し、その改修には通常非常にコストがかかる。こうした建物の多くは国や公的機関の手に渡り、基本的な維持管理しかできないことが多い。

しかし、空きビルは地域のビジネスやサービスにとって、経済を後押しするわけではない。さらに空きビルは地域の評判を下げ、近隣住民を不利な立場に追い込んでしまう。問題は、古くて老朽化した建物だけではない。新しい物件でも、所有者がお金を不動産化して安全に保有する手段としてのみ建設されるため、空き家になっていることがある。ロンドンのある高級住宅地では、住宅不足に伴うコストが天文学的数字に達しているにもかかわらず、30％もの住宅が空き家になっていたり、ほとんど使われていなかったりする。

歴史的な都市には、さまざまな時代の壮大な建物があり、その多くは戦争や自然災害を乗り越えてきた。私たちは、100年前の建物を現代的だと見なすほどである。これらの建物の維持や改修には、費用と労力がかかる。幸いなことに、古い都市建築の多くは、ゆったりとしたプロポーションと高い天井のおかげで、用途の変更に伴う改修が比較的容易である。

今日建物を建てる前に、新しい建物の用途が将来どのように変化するかを考えておかなければならない。オフィスビルを住宅に、工場を会議場に、アパートメントをホテルに。シカゴのメインストリートであるステート・ストリートは、かつて多くの立派なデパートで埋め尽くされてい

た。これらの建物は、大学が内装を変更し、可変的に再利用されている。その廊下は、買い物客ではなく、議論に明け暮れる学生でごった返している。デパートのオープンな構成は、構造耐力が優れているため、簡単に教室に仕切ることができ、大きな効果を発揮した。

長い間、建物が空き家になっていると、街にとっては迷惑だ。多くの都市では、空き家や未使用の不動産から税金を徴収していない。もし徴収していれば、土地所有者は考え直さざるを得ないだろう（イスラエルの都市やパリ、メルボルン、バンクーバーなどはその例外である）。空き家となった不動産は、その周辺にあるすべてのものに害を及ぼす。近隣に長い間使われていない建物があるアパートの入居者は、「自分はよい地域に住んでいない」と感じるだろう。所有者がインフレに合わせて家賃を上げようとすると、「誰も住みたがらない地域で家賃を上げるのは無理がある」と反論されるかもしれない。ここで所有者は行き詰まってしまう。なぜなら、家賃を上げなければ建物の修繕費が不足してしまうからだ。一方、入居者はこの奇妙な空き家を出るのは、私たちが最後なのだろうかと自問自答し、結局は引っ越しを選択する。このような地域は、望ましくない、不快な、都市の命脈が尽きた部分となる危険性があるのだ。

日本、キプロス、ハンガリー、アメリカ、フィンランド、チリ、スロベニアでは、空き家の割合が10％以上と大きい。
一方、イギリス、アイスランド、スイスの空き家率は2％未満と非常に低い。
空き家の多くは大都市にあり、ニューヨーク、パリ、シドニーでは
それぞれ10万戸を超え、その割合は5％以上である（2020年）。

空き家、老朽化する住宅ストックと不動産投機

新しい建た
政治意

書物がこうすることと思案の不在

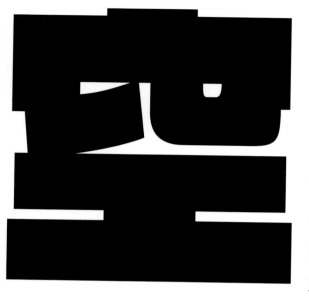間計画の破綻、行政の肥大化、意思決定プロセスの遅さにより、建築許可が下りるまで長く待たされる国がある。シンガポールでは、建築許可証は35.5日以内に発行される。法で定められた審査期間は、ブラジルで384日であるが、各局の許可文書発行に何年もかかることがある。世界銀行が発行する「ビジネスのしやすさ指数」によると、2019年最速の審査過程を誇るのは香港（HKSAR、中国）、次いでマレーシア、アラブ首長国連邦、デンマーク、シンガポールである。日本では、規定の審査期間が108日で12の手続きが求められるので18位である。最下位は、シリア・アラブ共和国、リビア、イエメン共和国、エリトリア、ソマリアで、これらの国の建築活動の低さは、その経済状態の弱さを考慮すれば、驚くにはあたらない。新しい建物が少ないということは、市場に出回る不動産が少なく、その結果、価格が急激に上昇するということである。また、大都市の平均所得とアパート価格の比率は、国々によって異なっている。

他の国と比べて、北京の住民が最も長く住宅ローンを払い続けている。北京の面積70㎡のアパートの価格は、平均年収の33.4倍である。一方東京における同サイズのアパートは平均年収の11倍である。

新しい建物を計画しようとして、しばしば直面するのは土地の諸条件が整っていない問題である。土地利用計画において、広大なブラウン・フィールドは、もはやその場所にかかわりのない目的（多くは産業）のために確保されている。土地利用の変更には、交通や公共施設の接続を詳細に記した都市調査による検証を含む法律が必要である。その後、公共入札により計画が決定される。5万人が住む新しい地区と、かつて同じ敷地にあった鉄道の線路とでは、都市に求めるものへの要求事項が大きく異なる。あらゆることを徹底的に検証し、準備しなければならない。このような**プロセスは、何年も、何十年もかかる。**

都市は通常、できるだけ多くの建設を要請するものである。これは、人口増というより、**既存住民の生活環境向上への要求**に起因するものかもしれない。100年前のように、ひとつの部屋に喜んで暮らす家族はほとんどない。今日では、ほとんどの人が自分の家をもちたいと考えているため、人口が増加しなくとも、新しい建物の需要が増している。そして都市の中心部に手頃な価格の住宅を十分に提供できない場合、人びとが郊外や他の場所に転出してしまう危険性がある。

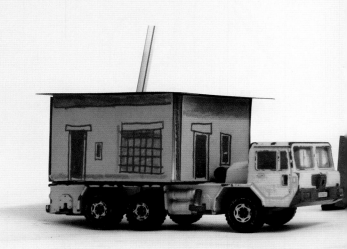

市場のメカニズムが衰えている今、**ソーシャルハウジングは今日再び政治課題になっている。**ウィーンでは、家賃補助のある集合住宅に住む人の割合が長い間最も高かった（ウィーン人の62%の住宅は家賃補助がある）。ウィーン市は、公有地の所有権を保持することでこれを実現した。開発業者に長期的に手放すことなく貸し出すことはあっても、売却することはない。しかし、一部の都市はその真逆で、土地や住宅を手頃な価格で買い戻す機会を放棄してしまっているのである。

新しい建物が建たないことと政治意思の不在

ヨーロッパでは、人口の約3分の1が賃貸住宅に住んでいる。
ドイツでは、この数字は半分を超える（50.9％）。その他の国の数値は以下のとおり。
フランス35.6％、スペイン25.3％、ポーランド15.8％、ルーマニア3.2％。
東京では住民の半数以上（54％）が賃貸住宅に住んでいるが、
国全体で見ると賃貸世帯の数は、40％にすぎない（2020年）。

都市に集合住宅があることは、**人口の社会的構成の多様性**をもたらし、比較的所得の低い人びとを比較的高価な場所に住めるようにする。このような仕組みは、行政が住宅ストックの5%以上を所有している限り有効である。最近、多くの都市や地域は、中期的な政治的利益と、自らの再選のために市場価格を大幅に下回る価格で売却し、公共住宅を民間の手に渡している。そうすることで、多額のメンテナンス費用を必要とする長期間放置された住宅ストックを心配することなく、優れた経済成果を示すことができる。

ウィーンでは、市内にある住宅ストックのじつに24%を所有・管理している。ウィーン、コペンハーゲン、チューリッヒでは、市営アパートの数は住民数の10分の1を上回っている。ベルリンでは、その比率は1:12である。ミュンヘンでは1:18、ブダペストでは1:44である。これは、世界の90%の都市が、より困窮している市民のためにソーシャルハウジングをまったく提供していないという厳しい現実と非常に対照的である。

新しい建物が建たないことと政治意思の不在

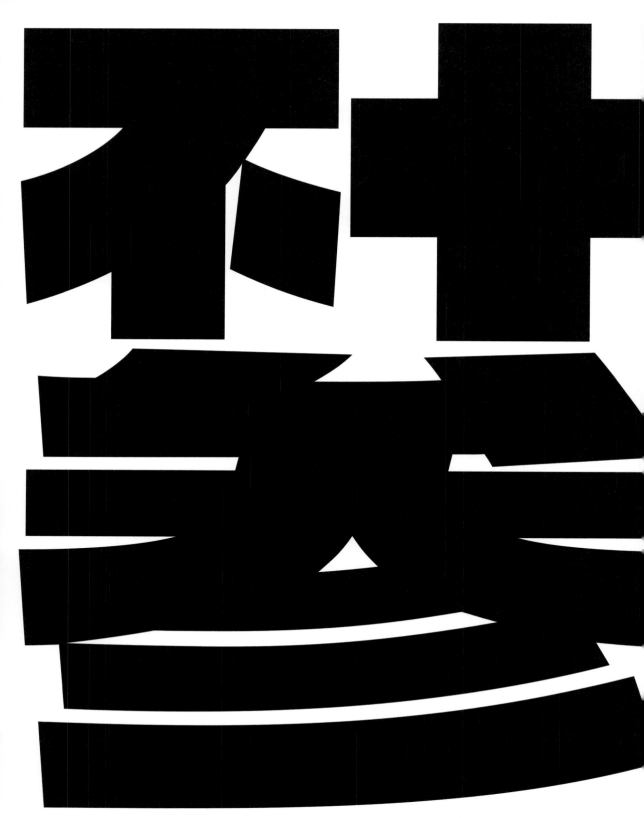

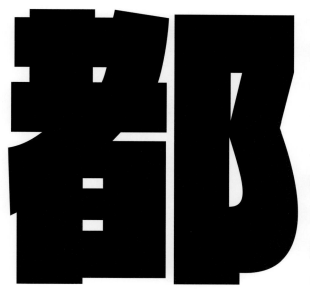**市**の計画、建設、維持管理に関与している市民が少なすぎる。積極的な市民と自治体との間の対話の問題だけではなく、投資家、開発者、そして都市計画、経済、社会学、地理学などの専門家の参画の問題でもある。多くの場合、こういったより広いコミュニティを交えて議論するための場や機会がまったくない。市民は、計画段階だけでなく、実施や運用の段階でも参加する必要がある。参加が不十分だと、気候、経済、政治がもたらす予期せぬ課題に直面したとき、都市が回復する力を低下させてしまう。

世界都市フォーラムによると、現在世界には、地続きの場所に5万人以上の人が住み、1haあたり15人以上の平均人口密度をもつ都市が約1万存在するという。
しかし、これは都市の数え方のひとつに過ぎない。
都市国家バチカン市国の人口はわずか800人、世界最小の民主主義国家の首都（そして唯一の都市）であるピトケアン諸島のアダムズタウンはわずか40人である。

都市住民の多くは、自分が住んでいる場所について何もできないと思っている。物事は専門家の手に委ねるものだと学んできた。残念なことに、彼らは自分たちの問題を解決するために未知の人物を頼りにしている。しかし、これまで見てきたように、専門家は間違いを犯すことがある。より広範な人びと（コミュニティ）とのコミュニケーションや議論は、取り返しのつかない誤ちに対する、より効果的な防御を与えてくれる。手っ取り早く（そして間違っているかもしれない）解決策を求めるよりも、よりオープンなグループで、より長く、より深く議論するほうがよいかもしれない。そうすれば、幸せな妥協点が見つかり、最良の場合、**まったく新しいベストソリューション**が見つかるかもしれない。

市民が昔より活発になったのは、このうえなくよいことだと思う。プランナー、市民、政治家、開発者、クライアント、活動家といった肩書きは、定まったものではなく、生きていくうえで変化したり融合したりする役割である。都市の創造ほど冒険的で賞賛に値する戦略ゲームはない。すべてのプレーヤーは共通の地図の上で思案する。個人の関心事を表すカードはひとつのデッキから、潜在的な新しい問題や課題を表すカードは別のデッキから取り出される。このようなことはすべて、市民教育と密接に関係している。市民は都市のアクター（役者）であり、市民の教育が本書の目的である。

マルチモーダルな街並み
―――ウィーンのマリアヒルファー・シュトラーセ（2015年）

以前

現在

ウィーンの最も重要なショッピングストリートは長い間、ひどい交通渋滞に悩まされていた。
この問題に対処し、解決策を決めるために、市役所は幅広い市民との一連の対話を行い、
建築家によるコンペティションと住民投票を決定した。
オランダのB＋B社が提出した最優秀案は、交通量を劇的に減らし、騒音や大気汚染を軽減することに成功した。
現在のマリアヒルファー・シュトラーセは、歩行者と自転車が優先的に通行できるようになっている。
車のための単機能の通りだったのが、交通サービスや休憩所、水景、緑地などで共有される空間になった。

もしあなたが、自分の住む都市が貧困に苛まれ、廃墟になりつつあると考えているなら、それは大きな間違いである。慌てる必要はない。今からでも遅くはない。とはいえ、選択肢は限られている。建築家レム・コールハースの言葉を借りれば、「かつてないほど、都市は私たちがもつもの、すべてである」。身近な環境と濃密な関係を築くことで、私たちは都市を批判的に見ることができるようになる。私たちが自分自身や身近な人びと、故郷、国、そして地球を大切にするならば、都市が私たちに影響を与えるのと同じように、私たちも都市に影響を与えることになるだろう。本書は、私たちが街を大切にすることを促すために、世界のさまざまな場所で実践されている優れた事例を紹介していく。間違いなく、あなたにも他の素晴らしい解決策が思い浮かぶことだろう！　レイキャビク市長を務めたアイスランドのコメディアン、イオン・グナル氏は、「愛は言葉ではなく、行動にある」と述べている。私自身、みんなとともに考え行動するのを楽しみにしている。なぜなら、私たちの街はまさにみんなのためのものだからだ。　O.O.

鉄道跡につくられた公園
──ハイライン、ニューヨーク（2009年）

ハイラインは、かつてマンハッタンの3つの地区の工場や倉庫を結ぶ高架鉄道だった。1999年、市はこの廃線跡の取り壊しを検討していたが、ジョシュア・デイビッドとロバート・ハモンドは、これを保存して公共スペースにすることを目的とした市民活動を開始した。新しい使い方のデザインコンペには、36か国から720点の応募があった。選ばれたのは、ディラー・スコフィディオ＋レンフロとピエト・ウードルフ、そしてランドスケープアーキテクトのジェームズ・コーナー・フィールド・オペレーションズのコラボレーションによるデザイン。高層ビルが影をつくる、全長約2.5kmの緑のオアシスを実現した。このリニアパークの建設、維持管理、運営は、100％ニューヨーク市民の寄附によって賄われている。

アートワークとしてのUバーン駅
──ヴェストフリードホーフ、ミュンヘン（1998年）

交通機関のエンジニアや建築家がアーティストと協働することで、地下鉄の乗車体験を芸術的な体験にすることができる。ミュンヘンのUバーン駅ヴェストフリードホーフの改修工事では、著名な工業デザイナーのインゴ・マウラーがアウアー＋ウェバースタジオと共同で、青、赤、黄色の色調でホームエリアをほのかに照らす11個の巨大ランプからなる光のインスタレーションを考案した。

クリエイティブな都市開発
──ホルツマルクト、ベルリン（2017年）

シュプレー川のほとり、かつて高級マンションやホテル、オフィスなどの高層ガラスビルが立ち並ぶ予定だった場所に、村や芸術家のコロニーを思わせる独創的でクリエイティブな空間がある。このエリアは、ベルリンの伝説的なBar25を運営していた仲間たちが、持続可能な投資に重点を置くスイスの年金基金と共同で運営している。学生向けの住宅に、体操施設ダンスクラブ、ベーカリー、レコーディングスタジオ、幼稚園、ビーバーの住処が混在している。

プレハブ住宅プロジェクトの活性化
──グランパルク、ボルドー（2016年）

プレハブ住宅のリノベーションは、断熱材を入れ替え、ファサードを塗り替えるだけではない。2016年、アンヌ・ラカトンとジャン＝フィリップ・ヴァッサルを中心とするフランスの建築家トリオが、530戸のアパートからなる公共住宅をリノベーションした。ファサードにウィンターガーデンを設置することで、フラットを拡張するだけでなく、光環境も改善した。バスルームは拡張され、内装もモダンなものとした。また、工事期間中の住民の再入居を巧みに調整することで、既存の社会的つながりや生活の質を損なわずに済んだ。

焼却場の屋上にあるスキー場
──アマーバッケ、コペンハーゲン（2019年）

偏見を捨てれば、焼却場もスポーツやレクリエーションの人気スポットになり得る。アマーバッケ・サーマルリサイクル工場は、年間40万トン以上の廃棄物を処理し、コペンハーゲンの家庭に低炭素の電気と熱を供給している。BIGアーキテクツスタジオによるデザインは、最先端の技術や手法を駆使して、建物を最大限に活用している。スキー場、ハイキングコース、世界一高い人工クライミングウォール、たくさんの緑、ビジターセンター、パノラマビューのカフェもある。

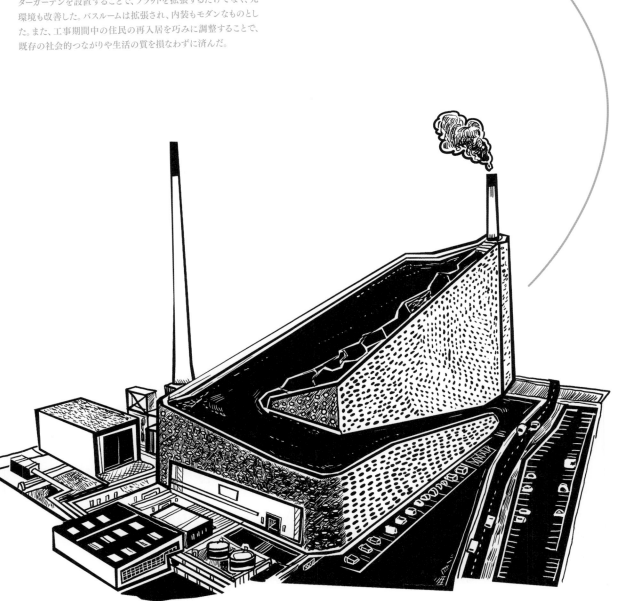

本文に貴重な意見を寄せてくださったチェコ建築財団の以下の専門家読者に感謝したい。

ヤン・カスル（建築学修士）

ダヴィッド・マレシュ（建築学修士）

マルティン・ペテルカ（建築学修士）

レナタ・ヴラーベロワー（建築学修士、博士）

最初のインスピレーションをもたらしたリン・オスモンドとシカゴ建築センターのガブリエル・リオンに謝意を評したい。*No Small Plans*, 2017の共著者であるデウイン・マルズレイ、デオン・リード、そしてプラハのチェコフルブライト協会のハナ・リプコワーに感謝したい。加えてレンカ・コストロウノワーに特別な感謝を捧げる。

おもちゃの車、サイクリスト、像、メトロの換気扇の排気ガスなどの貸し出しと寄附について次の方々に感謝する。ヤクブ・スティブロ、マレク・イムラウフとテレスカ・イムラウフォワー、シモン・ハヴェルカ、カレル・ムレイネク、クララ・ツヴァホブツォワー、ラドティン・スキーバイクセンター。

おもちゃの車を貸してくれたこどもたち、ありがとう。みんな忘れてしまったみたいなので、返すのはやめておく。

訳者による解説

本書が生まれるまでの経緯

著者オサム・オカムラは建築とコンセプチャルアートを
プラハ工科大学とアカデミーで学び、卒業後建築雑誌
ERA21の編集長に就任、都市問題への提言を世界各地
で行ってきた。そしてコロナ禍で時間的余裕が生まれ、
それまでの講演や論考での発言をまとめることにした。
　しかしこのまとめ作業の前に、ひとつの事件があっ
た。彼がフルブライトの奨学金を得てシカゴ建築財団で
研修したときに、財団が出版している都市計画の教科書
No Small Plansを見つけた。その本は建物が漫画のよ
うに描かれ、都市問題がこども向けに書かれていること
に、著者は衝撃を受け興味が湧いた。さらにもうひとつ
驚いたことがあった。その本では問題が延々と書かれて
いるが、解決策は書かれていなかった。そこで同僚の教
育専門家に尋ねたところ、「こどもの教育におけるヨー
ロッパ流のやり方とアングロサクソン流の違いだね」と
言われた。
　アングロサクソン流は、「課題解決型学習」。チェコで
は正反対の教え方が普通だった。教師は「こういう風に
やりなさい」と言い、生徒はそれを反復するだけ。アメリ
カの教師なら、「課題を見つけて、現時点でもっている
知識を使って今ここで適切な答えを出してみよう」と言
うだろうと。
　著者はシカゴで学んだ考え方を使って、チェコの学生
に「考える」とはどういうことかを教えたいと考えた。教
科書は読んでもすぐに忘れてしまうし、そこからは何も得
られない。だったら課題解決型の教科書をつくろう、これ
を読んだらみんなそわそわするだろうなと思った。人び
とは現状に満足しきっており、誰も何かを変えたいとは
思わない。そこでさまざまな課題を提起してみようと考え
た。最初はシカゴで見つけた本をチェコ語に翻訳しようと
考えたが、シカゴの問題はチェコとはかなり異なる。そこ
でヨーロッパに当てはまる問題を一気に書き上げた。

ちょっと変わった全体の雰囲気

この本はシカゴでの本同様、こどもに都市のことを考え
て欲しいという目的で書かれた。よって次の2点にとく
に最新の注意が払われた。ひとつは本全体の体裁とそ
のなかのイラストや模型写真を建築専門家向けのものに
しない。ふたつ目は文章量を調整し、ボキャブラリーを簡
易なものとする。1点目のポイントを達成するために、オ
サムはふたりのアーティストを起用した。ダヴィッド・ベー
ムとイジー・フランタである。彼らはイラストレーターであ
り模型もつくった。イラストは漫画のような楽しさを醸し
出している。模型は日用品をブリコラージュ的に使うこと
で妙に親しみのわく空気感をもったものになった。
　本書はドイツ語、中国語、韓国語に翻訳され、ドイツ、
イタリアで書籍の賞を受賞している。理由は内容の明晰
さに対してであることは言うまでもないが、都市問題が
住人自身の問題であるという著者の認識、およびそれを
考慮した本全体のデザインによるところも大きい。

本書の概要

本書は現代都市が抱える14の課題と優れた事例の紹介
から構成されている。扱われている都市の課題は、概略
以下のとおりである。
・都市の用途別ゾーニング：近代都市計画の硬直的な区
　分けが生むインフラへの負担
・ブラウン・フィールド：時代の変遷で使われなくなった
　都心の大きな土地とその可能性
・郊外化：低密度開発の非効率性
・工業団地：脱工業化による職住近接などの構造の変
　革の可能性
・低密度都市：都市の空白地帯の非効率性。低密度の招
　く高負担
・縮小する都市：人口減少に伴う都市の縮小とネット
　ワーク化の可能性

輸送手段と交通・データ技術を使ったマルチモーダル輸送の可能性

環境の劣化：都市における緑化の重要性

公共空間の放置：施設マネージメントの重要性

ジェントリフィケーションと不足する公営住宅：格差廃絶と多様性を確保する方策の必要性

都市の私有化：格差拡大を招く私有化の流れ

空き家、老朽化する住宅ストックと不動産投機：空き家から都市の活力を生み出すコンバージョンの可能性

新しい建物が建たないことと政治意思の不在：建設活動の不在が招く不動産の高騰と公営住宅の必要性

不十分な参加：都市の強靭さを生み出す、多くの関係者を巻き込んだ議論の場の不在

これらの課題は、重層的な都市の断面として提示され、都市全体を読み解く枠組みとして意図されている。

　最終章にこれらの課題を解決した優れた事例を紹介していくのだが、その前の「結び、そして優れた事例」というページに著者からのメッセージが記されている。それは本書を通して都市へのリテラシーを高め、自分の身の周りの都市環境の課題に気づき、改善に向けての行動を起こして欲しいという呼びかけである。著者は都市生活者がそれぞれの立場から、どうあるべきかの議論を進めるべきだと主張する。その背景にあるのは、より多くの人々の意見を取り入れて合意形成すればするほど都市は強靭なものになっていくという著者の信念がある。

チェコという特殊条件

ここで一点注釈を入れたいのは、著者がチェコのプラハで育ち、そこを拠点に都市の研究をしてきたことである。

　チェコ共和国の前身であるチェコスロバキアは第一次世界大戦後の建国とともにモダニズムを新しい国の様式として全面的に受け入れたいわば筋金入りのモダニスト国家である。他のヨーロッパ諸国で一部の知的エリート層にしか受け入れられなかったのとは状況が異なる。都市計画においてもCIAM（現代建築の国際会議）のアテネ憲章を忠実に適用し、機能主義と合理主義に根差した方策が採用された。チェコスロバキアの都市計画の実践の多くは社会主義国家となった第二次世界大戦以降に行われたが、プラハなどでは計画の推進において建築家

や都市計画家がかなりの権限を与えられ、社会主義体制という私有財産や市場からまったく独立した情勢と相まって、都市計画家の理想をそのまま実践できる環境が整っていた。問題があったとすれば、いったん決められた方向性を途中で修正することを不可能にした制度の硬直性くらいだったようである。

　このように近代の都市計画家の理想が反省や修正もなく反復され続けられている最中、1989年の「ビロード革命」での民主化を経て市場経済に移行し、1993年にはチェコ共和国として分離独立するわけだが、こういったまさに革命的な状況変化は、一方で近代主義の都市計画理論の限界を、また他方で市場経済の問題点を、それぞれの因果関係も含めて、より鮮明に浮き彫りにする効果があったのではないか。そのような背景を知っていれば、「クレーンの経済性」といった発言が画一化を皮肉るのではなく、建物の高さがクレーンのリーチで決められるほど合理主義がいかに徹底していたかを誇る意味合いの常套句だということや、一挙に訪れた都市の私有化に対する著者の強い抵抗感、あるいは市場経済移行後に資産を得て公営住宅から郊外へ移り住む郊外化へのアンビバレントな姿勢も想像ができてくる。

日本の都市計画——誰のもの？

近代都市計画はインフラ建設などの「事業」、建設に間接的に介入する「規制」と、これらふたつの根拠となる「計画」の3要素からなるとされている。日本では1919年に都市計画法が施行されるが、まだ都市計画の概念が十分浸透していなかったこともあって、重要施設の建設、すなわち官による「事業」が主体であった。戦後都市圏への人口と産業の集中に伴う無秩序な市街地形成に対処するために1968年に制定された新都市計画法では、都市計画の他の要素にも重点を起き、開発許可制度を導入し、地区のルールを地権者の合意によって決める地区計画制度などができたが、住民参加の方法は未だ十分とは言えない状態であった。転機が訪れたのは1992年の都市計画法の改正における市町村マスタープランの創設であった。各市町村は都市計画マスタープラン作成にあたって住民の意見を反映することが義務付けられ、また同改正で土地所有者やまちづくりNPO等

都市計画の決定寺の提案をできるようにした都市計画提案制度が新たに設けられた。このように都市計画法は住民を都市の主体として後押しする方向で改正されてきた。都市は上から規制するものではなく住民とともにつくっていくという精神の反映である。しかし提案制度の提案者を民間企業まで広げる改正が1996年に行つれ、新たな火種を抱えることになる。なぜなら自らの利益追求を旨とする民間企業は、住民と利害が一致するとは限らないからである。

日本の状況

ここでは本書で取り上げる課題を通して日本の現状を見ていきたい。

　日本語版への序で述べられているように、日本はすでに人口の9割以上が都市と見なせる環境に生活する世界有数の都市化国家である。それは本書の内容が大多数に関わる問題であると同時に、各章で挙げられているテーマの多くは、問題意識さえもてば読者の身の周りでも確認できるものだということである。たとえば聞きなれないブラウン・フィールドという言葉も、それを都市再生の起点として活用するのは、古くは東京のお堀に沿ってつくられた首都高速道路や、淀橋浄水場の跡地につくられた新宿副都心、近年では操車場跡地を活用した夕留再開発や高輪ゲートウェイ周辺、あるいは最近青写真が発表された築地再開発とその前段階の豊洲のガス阜頭跡地への市場移転などを思い起こせば身近な手法だとわかる。また工業団地の再利用では川崎の武蔵小杉エリアのタワーマンションコミュニティなどが記憶に新しい。そのように考えると東京のような大都市は、都市のなかに新たなブラウン・フィールドを見つけてはそれを再生の起点とするのが常套手段になっていることが見えてくる。

　本書で用途別ゾーニングの硬直性も課題のひとつとして取り上げているが、日本では柔軟な運用の方向に変化している。とくに大都市においては特区の設定などによる用途地域の変更や規制の緩和が新たなブラウン・フィールドを提供しているような実状がある。サステナビリティの面から疑問のある大規模なスクラップ・アンド・ビルドも日本では防災の観点から容認される傾向にある

のので、規制の緩和を伴った建て替えが都市再生の起点となっている。また、輸送手段と交通の章で提唱するマルチモーダル輸送は日本でも試みられているが、本音に自動車をそれの占拠する空間の問題として新しい視点を提供している。

　郊外化、低密度、縮小、老朽化などの都市化とは逆の流れは人口減少と高齢化がとくに顕著な地方都市の多くが直面している課題である。そして著者が提示するネットワークを駆使したスマートな都市変革は、日本では2014年に創設された「立地適正化計画」制度で試みられている。これは「コンパクト・プラス・ネットワーク」のコンセプトのもと、各市町村に各々の状況に応じたマスタープランの作成を促す制度で、取り組みを行っている自治体数は2023年12月の段階で700を超えている。コンパクトシティ化を推進するにあたって、交通網の充実や中核施設の建設などそれぞれの地域独自の対応を行うわけだが、先行していた自治体のいくつかからその成否が見え始めているのが現状である。

　他の章で取り上げている課題の多くも、それらをキーワードとして周りの住環境を観察すると見えてくるものが多い。最後の課題の都市政策への住民参加については法整備も進み、NPOや住民からの意見集約の仕組みも整備されているが、それを十分機能させることが未だ課題として残っている。

　日本の都市は、少子高齢化と日本特有の防災の観点から、一刻も早い再点検と再構築を迫られている。この状況認識は国も共有していて、さまざまな手立ては整備され動き始めている。著者が提案するようなプラットフォームである「建築センター」はまだないかもしれないが、ローカルなレベルでは行政やNPOなどでの議論の場は用意されつつある。ここで決定的に欠けているのが未来を背負う世代からの発言である。みんなの都市を実現する仕組みを形だけに終わらせないためにも本書が行動への触発となることが望まれる。

　最後にしかし最小ではなく、鹿島出版会の久保田昭子さんに著者と訳者を代表して心より御礼申し上げたい。本書は文章が一般向けで、グラフィクスが奇抜で、装丁が変わっている。そのオリジナルな形を極力崩さず出したいという訳者の要望を聞き入れてLABORATORIESとともに本づくりを完遂してくれたことに頭が下がる。ありがとうございました。

プロフィール

オサム・オカムラ　Osamu OKAMURA

1973年生まれ。建築家、教育家、講師。研究テーマは、都市の住みやすさと都市計画の解釈。リベレツ工科大学芸術・建築学部学部長（2019〜2023年）。プラハ7市区庁の都市・建築・公共空間開発委員会委員（2015〜2021年）。プラハ市議会公共空間における芸術委員会の議長（2019〜21年）および委員（2021年〜）。欧州プロジェクト Shared Cities : Creative Momentum の最終成果物のキュレーター（2015〜2019年）、アニメーションフィルムシリーズ、Virtual Ritualシアターパフォーマンス。より住みやすい都市に関する国際フェスティバルと会議reSITEのプログラムディレクター（2013〜2017年）。建築専門誌ERA21編集長（2005〜2012年）、現在は同誌編集委員会メンバー。2008年よりミース・ファン・デル・ローエ賞（現代建築のための欧州連合賞）の公式推薦人。チェコ建築財団の評議員（2015〜2020年）として、2018年にフルブライト＝マサリク賞を受賞し、シカゴ建築財団（現シカゴ建築センター）に留学、若者のためのプログラムに力を注ぐ。建築や都市計画の解釈について、さまざまなメディアや建築団体と連携している。2014年には、世界的に重要なイノベーションの普及に貢献した100人の傑出した貢献者のひとりとして、New Europe 100 Outstanding Challenger from Central and Eastern Europe（Res.Publica、Google、Visegrad Fundが主催、フィナンシャルタイムズの協力）に選出されている。

2022年、本書は、ドイツ建築博物館ならびにフランクフルトの国際図書フェアより名誉あるDAM建築図書賞を授与された。また2021年には、もっとも斬新な絵本としてボローニャ国際児童図書展のニューホライゾン審査員特別賞を受賞した。

ダヴィッド・ベーム　David BÖHM

1982年生まれ。プラハ美術アカデミー卒業。彼独自のイラストレーションと本の分野で、Magnesia Litera賞やMost Beautiful Czech Book of the Year賞など、数々の賞を受賞している。2009年、ラビリント社からユニークなコミックブックTicho hrocha［静かなカバ］を出版。Hlava v hlavě［頭の中の頭］（2013年）は、国内のすべてのコンペティションで1位を獲得した。出版物Jak se dělá galerie［ギャラリーのつくり方］（2016年）の挿絵とビジュアルを手がけた。ベームの絵入り百科事典 A jako Antarktida［Aは南極のA］（2019年）は、権威あるドイツ児童文学賞を受賞した。

イジー・フランタ　Jiři FRANTA

1978年生まれ。長年にわたり、多くの時間をドローイングとペインティングに費やしている。また、インスタレーション、アートオブジェ、ビデオも制作している。ラビリント社から出版されたProč obrazy nepotřebují názvy［なぜ絵に名前はいらないのか］（2015年）はGolden Ribbon賞とMagnesia Litera賞を受賞している。彼はRafani artist groupのメンバーである。また、コミック誌KIXを創刊し、サッカークラブ「ボヘミアンズ」のファンのためにシャツをデザインし、Jindřich Chalupecký Awardのショートリストに何度も登場する。フランタのソロ作家としてのデビュー作は、長編コミック作品Singl［シングル］（2020年）である。

ダヴィッド・ベームとイジー・フランタによるデュオは、パフォーマンスアート、インスタレーション、大判のドローイングなどを手がける。Průvodce neklidným územím I.［激動の地の手引書1］（2016年）はMost Beautiful Czech Book of the Year賞を受賞している。

坂牛 卓　さかうし・たく

建築家／東京理科大学教授。1959年東京生まれ。1985
年UCLA大学院修士課程修了。1986年東京工業大学大
学院修士課程修了。1998年よりO.F.D.A. associates
を主宰。2006年信州大学工学部教授。2007年博士（工
学）。2011年より現職。おもな作品に「松ノ木のあるギャ
ラリー」（インターナショナル・アーキテクチャー・アウォード、2015
年）。「運動と風景」（SD賞、2017年）など。
著訳書に『言葉と建築』（監訳、鹿島出版会、2006年）、『人
間主義の建築』（監訳、鹿島出版会、2011年）、『αスペース』
（共著、鹿島出版会、2013年）、『建築プレゼンのグラフィック
デザイン』（鹿島出版会、2016年）、『メディアとしてのコンク
リート』（共訳、鹿島出版会、2016年）、『建築の条件』（LIXIL
出版、2017年）、『建築の設計力』（彰国社、2020年）、『白い
壁、デザイナードレス』（共訳、鹿島出版会、2021年）、『会社
を辞めて建築家になった』（フリックスタジオ、2023年）、『教
養としての建築入門』（中公新書、2023年）など。

邉見浩久　へんみ・ひろひさ

建築家／鹿島建設建築設計本部、専任部長。1959年生
まれ。1985年東京工業大学大学院修士課程修了。1987
年イエール大学大学院建築学部修了。1987〜88年リ
チャード・マイヤー・アンド・パートナーズを経て、現在に
至る。おもな作品に「鎌倉の家」（「大地に還る住宅」優秀賞、
2000年）、担当作品に「東京海上東日本研修センター」
（BCS賞、1995年）、「ベネトン表参道（現YSL）」（グッドデ
ザイン賞、2001年）、「フェアモント ジャカルタ」（2015年）、
「フォーシーズンスホテル大手町東京」（2020年）など。
著訳書に『篠原一男経由 東京発東京論』（共著、鹿島出版
会）、『言葉と建築』（監訳、鹿島出版会、2006年）、『人間主
義の建築』（監訳、鹿島出版会、2011年）、『メディアとしての
コンクリート』（共訳、鹿島出版会、2016年）、『白い壁、デザ
イナードレス』（共訳、鹿島出版会、2021年）、『住宅論』ほか、
KazuoShinohara, Casas, 2G #58/59（英訳、2011年）
など。

CITY FOR EVERYONE

みんなの都市
初心者のための都市計画マニュアル

2024年6月30日　第1刷発行

訳者	坂牛 卓 + 邉見浩久
発行者	新妻 充
発行所	鹿島出版会
	〒104-0061
	東京都中央区銀座6-17-1 銀座6丁目-SQUARE7階
	電話　03-6264-2301
	振替　00160-2-180883
印刷	シナノパブリッシングプレス
製本	牧製本
日本語版デザイン	LABORATORIES